GENUINE
SOUTHEAST
GUIZHOU

地道風物

黔东南

004

地　道　风　物

出 品 人：陈沂欢　欧　杰　马　蕾
主　　编：范亚昆
策划编辑：许君达　黄绮媚　刘淑娟
责任编辑：马晓茹　许君达　黄绮媚　张　刚
图片编辑：何亮靓　张律堂
实习编辑：张艺凡
平面设计：何　睦
营销编辑：张林林
品牌合作：郭颖谦

出　　品：北京地道风物科技有限公司

目录

黔东南：观察『净土之变』 范亚昆 004

■ 地

穿行于苗疆腹地 萧春雷 008
锦屏，侗族自此分南北 李昊 038
雷公山 孑遗生物的避难所 陈旭 049
梵净山 苗疆走廊上的弥勒道场 覃妮娜 加贝 059

◆ 道

侗族大歌 『我将用歌声珍藏往昔的灵魂』 袁盎 069
鼓楼与风雨桥 从这里读懂侗寨 覃妮娜 艾可 088
俫家 后羿的后裔 艾可 100
苗族古歌 苗族的记忆与日常 申敏 吴缇 106
苗绣 针线中的宇宙 曾丽 113
黔东南苗银 天然成就的厚重 加贝 126

● 風

『枪手部落』的持守与变迁 来自岜沙的田野再报告 张晓松 旷惠民 139
龙额与『龙人』 李丽 158
肇兴侗寨 一线乡村纪事 袁盎 169
小黄，深山歌乡 潘年英 178
黔人故事 李岚 等 185

▲ 物

无酸不成苗 黄菊 203
糯禾，饭桌上的图腾 吴再忠 221
你的黑暗料理 我的私房美馔 许君达 240
纸寿千年 雷虎 244
百鸟加持的苗家华服 雷虎 252
白领苗的蜡染 雷虎 262

黔东南：观察“净土之变”

撰文 范亚昆

新的一年，对于全球许多旅行者来说，中国又多了一个吸引他们的理由。2016年1月7日，《纽约时报》推荐了世界上52个最值得到访的旅游目的地，包括中国的贵州和杭州。关于贵州，《纽约时报》的推荐理由是“Authentic Chinese hill tribes without mass tourism — yet”(正宗的中国山地部落，尚未被大众旅游覆盖)。

“山地部落”这个词，与都市文明遥遥相对，天然涵盖了异域、遥远、纯净、原始、陌生等色彩，能够燃起无数人踏上旅途的渴望。

云贵高原边缘处的贵州，是中国唯一没有平原的省份，被人们戏称“地无三尺平”。它的东西南北四个方向群山环伺，包括北面的大娄山、西面的乌蒙山、南面的郎山、东面的武陵山；腹心地带唯苗岭。这里世居着众多少数民族，苗、侗、布依、土家、彝、汉等民族在山中相安生活，互不侵扰。其中人数最多的两个少数民族是苗族与侗族，这两个民族基本集中在黔东南一带。早在1992年，黔东南就与西藏一起被列入亚洲仅有的两个“回归自然、返璞归真”的最佳旅游胜地。后来，黔东南又被联合国世界乡土文化保护基金会确认为全球18个“人与自然保护圈”之一。当国内旅行者对黔东南还感到陌生时，此地已经有了众多国外旅行者的足迹。

一百年前的旅行者离开故乡时，随处可见参差多态的地域文化；而今，人们似乎只能在某些遗漏之处才能找到渴望的原始景观。“山地”就是这样的遗漏之处。“山排斥伟大的历史，排斥由它带来的坏处和好处。”20世纪40年代，法国年鉴学派史学家费尔南·布罗代尔对山地与文明的关系做过这样的论断。文明是城市和低地的产物，在横向上，文明的潮流能延展到很远的地方，但纵向上，一道数百米高的屏障，可能会阻碍文明传播达上千年之久。

在黔东南，恰恰是无穷的山地延缓了当代文明与旅游的步伐，造就了这最后的“净土”。几千年前，当苗族的祖先决定避开中原地区的敌对部落、开始宏阔的迁徙历程时，他们选择的就是“排斥历史的山地”，从此筚路蓝缕，以启山林。陡峭险峻之地成为自由的避难处——黔东南的苗岭就是苗族大迁徙路途上最重要的聚居地，一部分苗族停留于此，开始了他们的定居生活，“苗岭”二字也因此得名。这里的山地绵延无际，峡高谷深、不见通途。这是一次与世隔绝的定居，苗族排斥了山区之外汹涌不息的历史演变，用小聚落的变化缓慢的生存方式世代繁衍。所以，当其他地区进入当代城市文明时，苗岭一带许多村寨就像桃花源一般仍然留驻着过去的生活景观。

2001年，几乎一夜之间，黔东南的一个苗族部落扬名于世。人们惊讶地发现，在这个名叫“岜沙”的部落里，男人们挽着发髻、穿着古老服装，他们以武为荣，猎枪不离身，过着半犁半猎的生活。此次发现，缘于《华夏人文地理》杂志刊载的贵州人类学研究者张晓松的文章《枪手的部落——来自苗族岜沙的田野报告》，文章详细讲述了作者对这个部落长期深入观察的结果。作为当年新创刊的视觉类杂志，这次发表的岜沙照片也是对常规阅读的一次视觉挑战。随着这类关注异质文化的人文地理类杂志开始在国内流行，一个新世界向阅读者开启——它以照片为触角，探寻着边远民族地区的文化景观，为阅读者呈现那些着古老服饰的人们真正的生活。这种景观，被媒体形容为“原生态”。

黔东南的景观远不止岜沙和苗族部落，这里同样是侗族与其他许多民族的生活空间。越来越多的摄影师来到黔东南，拍摄与记录古老的山地部落的生活。在此能拍到各族异乎寻常的服饰、纯粹而原始的手工艺、丰富的节日传统、神秘的祭祀场景……但是，随着时间的推移，无论作者、摄影师还是读者逐渐发现，拍摄的照片开始背离真实的生活，越来越多的场景掺入了“表演”的成分。

“表演”是因围观而改变、制造的景观。也许某个村寨在1980年就有了第一台电视机，但由于阅读者更欣赏异质、传奇的影像，电视机一类不在摄影师的拍摄范围之内；村民因在被拍摄、被观看的过程中有机会获利改善生活，便重点表现摄影者与旅游者所选择的场景。“看”与“被看”的对立下，“表演”成为一种双向需求，其间隐藏的真实岂止电视机——阅读者接收到的只是当地文化中一些碎片化、符号化的表象。这个过程拒绝理解，止步于猎奇。

2015年，当《地道风物》的采访团队深入黔东南时，我们发现，如果仍然执着于以往媒体的视角，将进入一个两难境地：一方面，拍摄以往那种纯净、原始的“原生态”场景几乎成为一个不可能完成的任务；另一方面，这将对理解“正宗的中国山地部落”在当代的真正生活构成极大的困难。对于表现地方文化的媒体而言，猎奇式的观察视角已经走到了尽头，那个时代过去了。

的确，对于“净土”与“原生态”，人们常常期许为一种未被侵扰的、未曾改变的文化，然而大多数时候，这是一厢情愿的幻想。为《纽约时报》推荐贵州的旅行者贾斯汀·伯格曼也在推荐理由中着重表明，新兴的高速公路已经改变了山地部落的交通格局，这里成为一个进出更加方便的古老地区。若对他提到的背景稍有了解，那么，对黔东南这样的地方怀有“原生态”的期许，恐怕总是要落了空的。但是，若断言一地因旅游发展、民俗表演的出现而无足观，那一定出于故步自封的片面理解。

与其说这样的地方已经不是原生态的净土，不如说，这里在漫长的年代里建立的人与土地的关系，还处在一种更加传统的秩序之中。那种在经年累月中小心翼翼互相予取的格局，暂时未曾被新世界全然改变，它看起来似乎新旧杂糅、真相难辨，其实时间与空间在这里经历了特殊的压缩集中，形成一种独有的变化节奏。

这种新旧秩序的交叠与变化，成为今天的黔东南真正的景观。

抛开猎奇式的围观，如何用“在地者”的视角观察一地的恒常变化，将是一个崭新的任务，也是一条长长久久的路。我们期待每个参与者在路途中看到更广阔的空间，从而获得对各地更加真实、丰富的沟通与理解。

摄影 李贵云

黔东南

地

GENUINE
SOUTHEAST
GUIZHOU

穿行于苗疆腹地

地

撰文 萧春雷 摄影 李贵云 等

三江并流黔东南

黔东南有两个含义：一指贵州东南，是自然地理区域概念；二指黔东南苗族侗族自治州，是一个行政区域概念，包括首府凯里市和15个属县。黔东南位于云贵高原向湘桂丘陵盆地的过渡地带，地貌类型为低山丘陵谷地，山多林密，溪涧纵横。我的第一印象是，黔东南与福建的武夷山区、戴云山区类似，都是以河谷盆地、山坡梯田为主的稻作农业区。

“贵州70%的土地是喀斯特地貌，干旱和石漠化严重。清水江流域和都柳江流域是最大的一片非喀斯特地貌，青山绿水，是贵州自然条件最好的地区。”熊康宁教授说。他是贵州师范大学中国南方喀斯特研究院院长，专门研究喀斯特石漠化问题。在他看来，只要不是喀斯特地貌，就适宜人居。

“那么，为什么黔东南的发展比较落后呢？”

“我只能说，从自然地理的角度看，黔东南条件很好，水热条件好，森林植被好。”他说，“在南方其他省份，这很平常；可是在贵州，是难得的鱼米之乡。它为什么落后？可能是其他方面的原因，比如历史的、社会的，或交通的。那里是少数民族地区，我记得以前去黎平坐车要两天时间。”

黔东南州有三条主要河流，平行东流：北部的㵲阳河、中间的清水江流入湖南沅江，属于长江水系；南部的都柳江流入广西西江，属于珠江水系。表面看来，清水江与㵲阳河更亲近，一路并行，同归沅江。其实二者差异很大。㵲阳河流域有喀斯特岩层出露，作为湘黔道的一部分，汉文化很早就进入了这一地区；而作为苗瑶语族迁入通道的清水江，后来也积累了丰富的汉文化，却很少受到人们的关注。

作为苗、侗民族的共同家园，在文化上，倒是苗岭山脉南北的两条河流十分亲密。北面的清水江是仅次于乌江的贵州第二大河，由黔南州的都匀市进入黔东南州，横贯黔东南州腹部，汇集麻江、丹寨、凯里、黄平、施秉、台江、剑河、锦屏、黎平、天柱10县市的水系，东出湖南，流域面积广阔。南面的都柳江仅汇聚丹寨、榕江、从江和黎平等县诸水，流域面积较小，最后南下西江。在这里，高大的苗岭并非阻隔，反而是连接两个流域的通道。

明清时期的苗疆腹地，指的就是黔东南清水江、都柳江之间的苗岭山区。这里至今散落着成千上万个侗乡苗寨。

我们落脚的乌东苗寨农家乐的窗外是碧绿的稻田、小溪，三四个赤条条的孩子正在嬉闹玩水。这是全村最热闹的地方了。乌东是个大村，百余户人家坐落在山坡上，吊脚楼鳞次栉比，但空空落落，偶尔才见到一两个人影无声无息地飘过，估计很多人出外打工了。

乌东位于雷公山山腰，海拔约1300米，两条小溪在村前交汇，再跳下万丈高崖。村边有几丘水田，但多数梯田散落在村外很远。雷公山是苗岭山脉主峰、黔东南最高峰，海拔2179米，地处台江、雷山、剑河、榕江四县交界处，也是清水江与都柳江的分水岭。当地人称雷公山为牛皮箐，是雷公居住的地方。清咸丰、同治年间，苗族英雄张秀眉起义，席卷整个黔东南，最后败退到山高林密的雷公山，在乌东坡兵败被俘，被押送长沙处死。

从乌东到雷公山顶的公路很好，上山只花了半个多小时。山顶气候迥异，灌木低矮，山风呼啸，云雾湿漉漉的，仿佛拧得出水来。最高处是一片空地，有个水坑，也不知装的是雨水还是泉水，反正大家都说是张秀眉留下的水井。四顾白雾茫茫，一对脖子上挂着单反相机的中年夫妻说要等太阳，在风中瑟缩。我匆匆下山。

其实山腰才适合远眺。偶尔，强劲的山风把云层吹破，眼前豁然开朗，但见群峰连绵，山谷旷远，屋舍、田畴与公路，像串珠一样散落在青翠的山间。阳光宛如魔毯，闪闪发亮，在林梢之上快速移动。袅袅炊烟，为这片高远的天地增添了人间的安详与温馨。

清水江南岸的雷公山区，深山长谷，深邃迷离，是明代生苗界、清代苗疆的心脏，也是清水江流域开发最晚的地区。如今，既然公路已通达雷公山顶，山川的神秘涣然冰释，吸引我们的，唯有生存于斯的民族和他们的文化了。正因为开发最晚，雷公山地区的苗族传统文化最为丰厚。

清水江：重要的苗瑶通道

“在国家力量进入以前，没人知道清水江。”林芊老师说，“徐霞客下河游过泳，但他不知道是清水江，在游记里称为龙头河。顾祖禹的《读史方舆纪要》只把剑河到锦屏这段河流称为清水江。原住居民的视野更窄，只知道他眼前的这一段叫作剑江、马尾河、鸡贾河、平定河、凯里河、重安江，没有整条河的概念。清雍正时期国家力量全面进入，才出现清水江全流域的称呼。清水江文化内涵很少。苗族、侗族有丰富的神话传说，但没有对清水江的赞美，没有母亲河的观念，甚至没有河神、水神。清水江是孤独的河。”

林芊是贵州大学历史系教授，他主笔完成的著作《明清时期贵州民族地区社会历史发展研究——以清水江为中心、历史地理的视角》，第一次全景描绘了清水江流域的开发进程。在他看来，清水江是很晚才被人们发现的一条江。

他的叙述让我想起，苗族是山地民族，他们关于山河的概念与汉族不同。汉族在平

苗岭山脉的主峰雷公山位于黔东南的核心地带，它是一座分水岭，分开了黔东南的三条主要河流：北部的濒阳河、中间的清水江流入湖南沅江，属于长江水系；南部的都柳江流入广西西江，属于珠江水系。濒阳河流域作为湘黔道的一部分，汉文化很早就进入了这一地区。而作为苗瑶语族迁入通道的清水江，后来也积累了丰富的汉文化，却很少受到人们的关注。明清时期的苗疆腹地，指的就是黔东南清水江、都柳江之间的苗岭山区，这里至今散落着成千上万个侗乡苗寨。

原盆地耕作，舟楫往来，河流是连接各个区域的力量，十分重要。苗族定居深山，远离大河，连接各村寨的是一条条山道。莽莽苍苍的苗岭，才是他们的真正家园，大山南北都柳江与清水江的民族文化景观，也因此连成一体。

在贵州大学清水江学研究中心，我采访了著名学者张新民教授。所谓清水江学，是以学术界发现的明末以来数万件“清水江文书”为基础，建构清水江流域文化的学科。张新民先生在这一领域居功至伟。他告诉我：“清水江流域现有的民族都是后来迁入的，苗族和侗族都不是原住民族。从考古的材料看，春秋以前，清水江流域的文化是从上游往下游走，战国以后从下游往上走。我们无法确认他们的族属，但显然是一种复合型文化，包括原住民族文化、南楚文化和巴蜀文化三种成分。”

我在探究黔东南地区现有民族的来源时却遇到问题。请教过几位相关学者，都不愿意回答，有位学者善意提醒我这个问题很敏感。我不得要领，只好阅读学术论著，自己慢慢厘清。黔东南地区的民族情况大略如下。

汉代北盘江流域有个夜郎国，是我们知道的贵州最早的地方政权，属于濮人、僚人。许多学者认为，今天的仡佬族是僚人的后裔。但夜郎国的势力似乎不及清水江流域。

汉唐时期，苗瑶语族生活在湘西武陵地区，壮侗语族生活在岭南，都还没有进入贵州。大约唐以后，苗瑶语族沿清水江西上，壮侗语族沿融江北上，两大民族集团在黔东南地区杂居，汉人闹不清楚，所以古籍里统称“百苗”“峒苗”“溪洞”。明清以后，苗瑶语族族群逐渐分化出苗、瑶等现代民族，壮侗语族族群分化出壮、侗、水、布依等现代民族。

黔东南州如今人口460万，苗族占42%，侗族占29%，汉族占18%，然后依次是布依族、水族、瑶族、壮族、土家族等，各民族形成大混居、小聚居的分布特点。苗族散布全境，但在清水江中游地区占据绝对优势；侗族主要分布在三条大江下游的黎平、天柱、从江、榕江、锦屏、三穗等县；汉族集中于凯里市和㵲阳河流域的黄平、镇远和岑巩县。

黔东南许多地方流行一句民谚，“汉家住街头，侗家住水头，苗家住山头”，颇能反映三大民族的居住特点：汉族聚居在城镇，侗族临水而居，苗族深入大山。

㵲阳河：汉文化进入苗疆

镇远古城就在㵲阳河畔，河水蜿蜒，穿城而过，北岸为旧府城，南岸为旧卫城，均为明代所建，远观仿佛一幅太极图。城内有街巷、牌坊、亭台、楼阁、会馆、祠庙，对岸的青龙洞建筑群依山就势，翘角飞檐。在少数民族地区，出现这样一座浓郁的汉式风格城池，颇让人意外。但仔细一想，也不奇怪。

贵州在中国的位置，按古人的说法是“不内不边”“西南之奥区”，大意是既非内地，又算不上边疆，所以受到中央政府的忽视，变得神秘。的确，广西和云南边疆都更值得重视。偏偏早期内地通往云南的两条路都绕过了贵州，一条是成都经昭通到昆明的川滇道；另一条是宋代的湘桂滇道，很远，从湖南先南下广西融水、宜州，再西上昆明。不过唐宋时期云南在搞

黔东南清水江、都柳江之间的苗岭山区，山高林密、溪涧纵横，山间散布着众多苗族、侗族、水族、瑶族等村寨。图为黔东南山中的宰荡侗寨。
摄影_陆宇堃

割据，也没多少人去南诏国、大理国。

元朝把云南收归版图，新开辟了一条湘黔路，从沅陵、芷江、岑巩、镇远、重安、贵阳、安顺至昆明，大大缩短了云南与北京的距离。这条经过黔东南的驿道，纵贯㵲阳河流域，紧邻苗疆，所以元朝就在镇远设府控守。镇远历来有“滇楚锁钥，黔东门户”之称，战略地位十分重要。明清时期，随着汉族兵士、商人、佃户和流民大量聚集，以镇远城为中心的㵲阳河流域率先被开发。

元代黔东南地区分属云南、四川、湖广三个行省管辖。贵州是明永乐十一年（1413年）建省的，目的也是为了经营云南，保障通道安全。贵州的开发，黔西、黔北最早，黔东南最迟。我们看明朝的地图，黔东南地区仅分设都匀、镇远、黎平和平越军民四府。西边的都匀府镇守清水江上游，北边的镇远府威慑清水江中游，东边的黎平府控制都柳江和清水江下游。三座府城，是明中央政府在黔东南周边打下的三根铁桩，围起一个等腰三角形，正好是清水江南岸的崇山峻岭。这片化外之地，明人称之为“生苗界”，从来没有国家力量深入其中。

黎平位于贵州东南角，是中国侗族人口最多的县，号称“侗族之都”。作为一座控守黔湘桂边界、历史悠久的卫城、府城，黎平城内的汉化程度相当高，走在青砖灰瓦马头墙的翘街上，看城门城楼，恍然置身于江南城镇。

明代在军事上实行卫所制度，在边疆地区设置了很多卫城、所城，屯军驻守。黎平古城最初为五开卫城，附近的隆里古城则是一座千户所城。隆里古城坐落在宽阔的盆地上，城内以衙署为中心，街巷井然，徽派建筑，有东南西北四座城楼。明军亦兵亦农，耕田种菜，俨然一个汉族集镇。许多军户落地生根，绵延至今，依然保持着传统的汉族生活方式。

黔东南的每一座卫所、府县，不但是壁垒森严的军事据点，还是汉文化的样本和传播基地。军士们带来内地的作物品种、先进的耕作技术、产权和交换的观念、祖先崇拜和神明信仰，都对当地民族产生了巨大的冲击。

如今，无论苗族还是侗族，都有了姓氏、祠堂，甚至郡望——多数姓氏均声称来自江西省吉安府。数万件清水江文书的发现，证明明清时期汉族的财产、契约和法律观念，已经渗透进当地民族的生活之中。《黔南识略》记乾隆年间的黎平府说：“苗有六种，洞苗已向化久矣，男子耕读与汉民无异，其妇女汉装弓足者，与汉人通姻。花衣苗、白衣苗、黑脚、水西苗近亦多薙发读书应试，惟妇女服饰仍旧习旧俗。”少数民族都开始裹小脚、参加科举了，足见汉化之深。

清水江自此“进入历史”

汉文化挟军事力量强势进入黔东南地区，难免与当地居民发生冲突，多次激发大规模武装反抗。但是总体而言，苗疆的开发还算平顺。客观地说，尚处于原始公社末期的当地少数民族，分享了汉民族数千年的文明成果，实现了跳跃性发展，进入了封建地主经济社会，生产力和生活水平都大大提高。

林芊教授说：“当地民族没有文字。可以说，没有汉民族的进入，清水江流域没有历史。”他认为，与西北地区的军事征服

从江邑沙苗寨的吃新节上，一对苗族青年在荡秋千。苗族崇拜祖先、信鬼神，也有信仰其他宗教的。苗族的节日很多，比如鼓藏节、苗年、吃新节、四月八、跳花节、芦笙节、姊妹节、龙船节等。众多的节日让人们拥有充足的交往与玩耍的机会。

摄影 _ 秦刚

黔东南黎平县的黄岗，一个侗家男孩要去表演“抬官人”。抬官人是侗寨的习俗——每年正月初三，一少年扮演“官人”，身穿“官家八团花衣服”，被大家用轿子抬着在寨中游行。这一行人打扮得稀奇古怪、滑稽得很，他们沿途被装扮成乞丐的观众拦路“抢劫”，也要向迎上来的姑娘赠送红包。
摄影 _ 尹忠

不同，从明朝开始的清水江流域开发，采取的是“两轮驱动”方式。一方面是军事化进入，设立卫所军屯；另一方面是行政化管理，任命当地土司。通过军屯、编户齐民和土司自治三种手段，国家权力和儒家文化逐渐深入苗疆，化“生苗”为“熟苗”。在这一过程中，原先的军事卫所转变为府州县，清水江也真正进入有文字历史的时代，成为“有历史的河流”。

清代对黔东南地区的开发力度最大。雍正年间，清政府在清水江南岸设“新疆六厅”——八寨厅（丹寨）、丹江厅（雷山）、古州厅（榕江）、清江厅（剑河）、都江厅（三都）、台拱厅（台江），加上凯里卫，标志着清水江流域的行政建制基本完成。整个苗疆，再也没有空白区域，国家权力触及每一个村寨。

开发促进了当地民族的社会经济发展。举个简单的例子，侗族是最早种植水稻的民族，他们也很早就驯化了牛，但是汉人教会了他们牛耕。

《旧唐书》早就记载了西南少数民族“不以牛耕，但为畬田，每岁一易”的生产方式。

明人王士性《广志绎》中的贵州依然如此：“总之盘瓠子孙，椎髻短衣，不冠不履，刀耕火种，樵猎为生，杀斗为业。”张巨保先生在《侗族稻作农耕文化初探》中说：“侗族实行犁耕是较早的，但是用牛耕田要晚得多，就是到了新中国成立前后还有不少地区以人力挽犁，并且有一种特制的人力挽犁农具——木牛。”他还指出，侗族“几乎每家每户都养牛，但主要是用来供祭祀、斗牛和做腌肉之用，只有局部地区才用牛耙田”。

苗族也是如此。在汉文化进入最迟的月亮山苗寨，新中国成立后还保存着传统的生产方式，木犁木耙，或石犁石耙，耕地多以锄耕。《黔东南日报》2012年9月17日的一篇报道说，1953年，从江县人武部部长吴兴春来到偏远的加鸠乡苗寨，发现当地还在使用人拉石犁耕田，而牛是神圣的，养着用于宰杀祭祖。他很感慨，特地办了一个耕牛训练班，让村民学习使用牛耕田。

木材贸易塑造的“清水江”

黔南布依族自治州首府都匀市，位于一个南北向带状盆地，地势局促，结果城市与剑江互相缠绕，被人称为桥城。都匀百桥，最著名的是1791年落成的百子桥，上有耸翠亭，建成后没几年，著名诗人洪亮吉来到都匀，作《登剑江耸翠亭望西北诸山》诗，称赞说：“沿流都有鹭鸶飞，空翠时时沁客衣。”

我在百子桥头下车，看到该桥已被保护起来，专供行人步行，旁边另建了一座公路大桥。耸翠亭仍在，当然不见鹭鸶，两岸已成繁华闹市。河水颇大，滔滔东流。剑河是清水江的主源。明清两代，都匀府城是中央政府控制清水江上游的重要城市，管辖如今的麻江、丹寨、雷山、凯里等地区。那时候，凯里只是都匀府辖下的清平县。1956年，黔南和黔东南两个自治州成立，都匀市专心黔南事务，凯里市才有机会崛起为黔东南中心城市。

江流湍急，林木障天，清水江屡屡被人误读。很长时间里，汉族学者把支流瀰阳河当成沅江正源，又有学者把支流重安江当成清水江正源。最不可思议的是，明弘治《贵州图经新志》图版上，绘出了都匀府上下的瀰阳河、都柳江，却遗漏了中间那

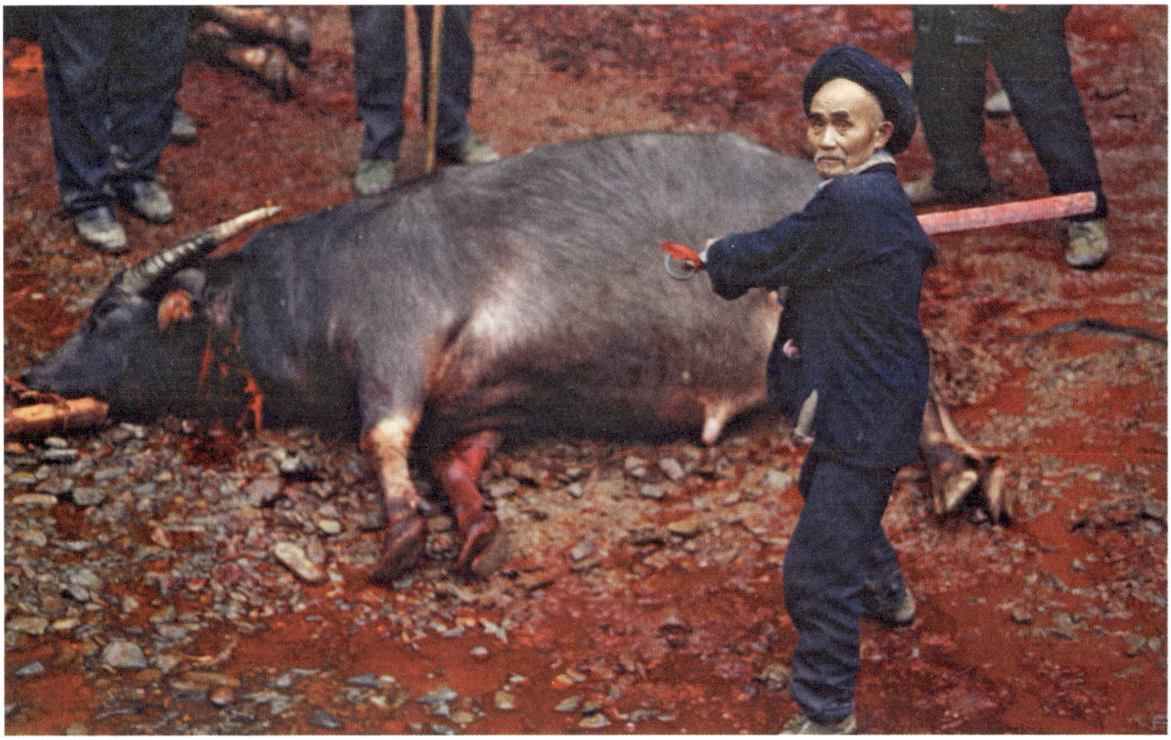

鼓藏节，也称为“牯脏节”“吃牯脏”“刺牛”，是黔东南地区苗族、侗族最隆重的祭祖仪式，一般在关系较为密切的村寨间进行。小型鼓藏节每年一次，大型鼓藏节13年一次，节日上最重要的内容是杀牛祭祖。这是黔东南台江方召的鼓藏节场景。

都柳江自黔南独山县发源后，就隔着苗岭，与清水江并肩东流，穿过黔东南州的榕江、从江、黎平县境后，南下注入广西的融江、柳江和西江。摄影 _ 陈沛亮

每年农历的三月十五日，是苗族的“姊妹节”。黔东南清水江畔台江、施秉一带的姊妹节十分盛大，女子们要在这个节日里邀约情人游方对歌、吃姊妹饭、跳芦笙木鼓舞、互赠信物，乃至订立婚约。

条更大的清水江。直到清雍正年间官方疏浚险滩，自都匀百子桥以下全程通航，笼罩在清水江水系的迷雾才终于消散。晏斯盛的《黔中水道考》描述：“清江古曰剑河，又曰长河，旧陷苗疆，舟楫不通。雍正七年，总督鄂公讳尔泰、巡抚张公讳广泗奉旨清釐夷人归附，题请开浚，自都匀府至湖广黔阳县，总一千两百余里，遄行无阻。”

清水江的航运可以分为三段。自都匀到凯里市旁海镇岔河村148公里为上游，称马尾河或龙头河，河道清浅，可通行小船，并上溯支流重安江；从岔河村至锦屏县城197公里为中游，弯多滩险，航行困难；从锦屏县城以下87公里出境为下游，河谷较宽，流量丰沛，适合航运，加上支流亮江、鹿洞河，形成了较发达的水运网络。

事实上，因为中游瓶颈，清水江形成了上下游两个相对独立的水运中心。上游的水陆码头，重要的有被称为“小上海”的黄平县重安镇、麻江县下司镇，至今遗迹斑斑；下游最重要的码头是锦屏县的“内三江”（卦治、王寨和茅坪）、天柱县的“外三江”（坌处、清浪和三门塘），尽享清水江数百年木材贸易之利。

“以前茅坪每条巷头都有个码头，沿江码头一字排开。江面全是木排，密密麻麻，从这边走到对岸，不会湿脚。”近60岁的老排工潘继林回忆说，“那时四季都放排，发洪水不放。我们这里是20立方米一个小排，两个人放。到了洪江，江面宽了，4个小排并成一个大排，放到常德只要4个人，可以省下4个人回家。放排很危险的，一路有几十个险滩，常出人命，我们茅坪就死了几十人。”

我们站在茅坪镇江边的一个亭子里聊天。老码头一个也没剩下。下游修了电站，湖水漫起来，把低处的房屋码头全淹了。湖面安详空阔，波光粼粼。湖边用石板垒砌起整齐的堤岸、护栏、观景亭，有几处还在填土。茅坪老街虽然幸存，但一条新修的主街横穿昔日的豪宅、古巷，把它们无情斩断、切碎。到处都在施工和建设，但是缺乏生气，失去码头优势的茅坪古镇，陷入了犹豫、混乱和衰败。

龙氏是茅坪的大姓，苗族，有好几座祠堂。1938年出生的龙瑞鑫老人，在龙氏武陵堂前面开了一个食杂店，是当地公认熟知地方掌故的文化人。他告诉我说，卦治、王寨和茅坪三寨，以前叫内三江，轮流当值，每寨负责一年的木材贸易。各寨都有木行，当值时，一面接待下游买木的顾客，一面接待上游放木的山客，从中抽取佣金。从清朝到民国都是这样，新中国成立前，茅坪是锦屏县最富的乡镇。

“木材来自哪几个县？上游雷山、台江的木排也放到茅坪吗？”我问道。

“上游的下不来。”老人说，“剑河那段河道窄，弯急，船可以下来，但木材很长的，下不来。反正解放后，只有附近剑河、黎平、锦屏、天柱4个县的木材放排到茅坪。”

“什么时候停止放排了？”

“大约是1990年前后，就没有全线放排了，但还有一些短途放排。先是湖南在沅江上建了五强溪电站，木排要过闸，很麻烦。后来清水江上又建了四五个电站，隔断了河流，短途也没法放了。我们这里人原来都靠放排为生，没有田，现在做什么的都有，外出打工，土木建筑，在山上种

僅家女子的百褶裙。黔东南的民族众多，包括许多“未定族称”的人们，僅家人就是其中有代表性的一个族群。传说僅家人是后羿的后人，有尚武传统。在服饰上，女子戴红缨珠帽，衣上有盾、铠甲等元素，整体色彩以朱红为主。摄影 _ 秦刚

香橘、油茶……”

明朝开发苗疆，这片接近内地的原始森林最令人垂涎。通过清水江、都柳江水道，古松巨杉源源不断地运送到下游长江和珠江，换取内地来的食盐、棉布、铁器和银两。木材输出带来了可观的经济收入，但长达数百年的疯狂砍伐，也使黔东南地区的天然林木资源枯竭。乾隆年间，各地就已经开始人工栽种杉树了。编纂于1799年的《清江志》说：“黔山多童（意秃）。先年之苗不习松杉等利，山中之树听其长养，竟多不知其名者。今则种松栽杉，森森郁郁，据有繁昌象。而地有近河，每年伐木扎排，顺流而下洪江、常德等处。民生日用舒矣。”杉树成材快，栽种20年就可以砍伐，成为林业经济的主要树种。

垄断木材贸易造就了锦屏县“内三江”村寨的富庶，也引起下游天柱县坌处、清浪和三门塘的眼红。两地打了一百年的“争江”官司，终于达成协议，后者也分到一杯羹，跻身繁华商镇之列。

世事变迁，内河航运在今天失去了价值，人们更看重水力资源。沿着江边走了一趟，我发现电站林立，清水江柔肠寸断。不论“内三江”还是“外三江”，当年人声鼎沸的码头，都静静地沉没在库底。就地迁高的坌处、卦治，焕然一新。三门塘地势较高，侥幸保存下古村的大部分建筑，包括侗族传统民居、徽派建筑和祠堂。最有意思的是刘氏宗祠，高耸的欧式造型，门墙上装饰着西方的雄鹰、时钟和拉丁字母，洋气扑鼻。这座乾隆初年建造、民国年间修葺的祠堂，中西合璧，是清水江下游商镇开放多元文化的一个例证。

天柱县瓮洞镇，清水江在贵州的最后一站，也变成了库区。第一批瓮洞居民已经迁移到新居。即将淹没的老街房屋破败，垃圾满地，剩下的居民一脸落寞神情。名叫胡朝龙的苗族汉子开着机动船，带我去下游看“黔东第一关”石碑。他原是农民，没了地，打鱼为生。他说政府要求所有居民年底搬迁完，但他的房子还没开始建，也不知该怎么办。如果我晚来一年，水漫上来，就看不到瓮洞古镇了。

“黔东第一关”是瓮洞厘经局于1936年打制的石碑，竖立在出黔入湘要津，后经地方人士呼吁，迁高到关上村后的半山腰。遗憾的是，石碑所在，并非客商行旅的关口，新修的公路遥在对面山头。望着眼前宁静的库湾，很难想象当年万木蔽江而下的放排情景。但我知道，历史上木材贸易留下的最大遗产，是整合清水江流域的社会经济，形成了比较统一的流域文化。

都柳江：“糯改籼”与“全球化”

除了㵲阳河与清水江，黔东南另一条重要河流是都柳江。十几年前沿都柳江行了一程，我相信它是西南最美的河流。江流寂寞地穿行于雷公山与月亮山之间，群山苍翠，连绵不绝；清澈的江水在岩礁上欢快地流淌；岸边不断闪过沙洲、篁竹、芭蕉、渡口和黝黑的吊脚楼。如今重温故地，发现都柳江也免不了被几条大坝“腰斩”，囤积着一库库止水，兴味索然。

都柳江自黔南独山县发源后，就隔着苗岭，与清水江并肩东流，穿过黔东南州的榕江、从江、黎平县境，才决然掉头，南下注入广西的融江、柳江和西江。从自然地理和民族文化看，两江流域连成一片，如果镇远府是一把尖刀，那么都柳江流域就是苗疆的后院。

上午9点我们从榕江县城出发，赶去从江县加榜乡的加车村。我在地图上大致测了一下距离，不过80公里，近一半是沿江国道。没想到国道在修路，开车两个半小时才到下江镇；在腊俄村过桥后溯支流平正河而上，道路崎岖，坑坑洼洼。这可是连接都柳江南岸月亮山区五六个乡镇数百个村寨的道路！我们被迫开去最近的刚边乡加油，吃午饭。

饭桌上遇到湖南来的几位游客，交换心得。我们说从榕江县过来，4个多小时走了60公里；他们抱怨，由从江县城到宰便乡再到刚边乡，80公里花了3个多小时，“再也不来了”。饭后我们继续赶路，两小时后到达加榜梯田。

月亮山主峰海拔1490米，不算高，但山体雄浑博大，沟谷深邃，很少平坝。加榜梯田附近，出现了一个宽阔的空谷，视野开朗。一个个村寨坐落在高处，仿佛穿着翠绿的连身长裙，一畦畦梯田优美地泻下山坡，景色的确壮观。但我是在农村长大的，忍不住想，村民耕地、插秧、耘田、收割、挑谷……不知要在陡峭的山坡上来回多少趟，真是辛苦。

加车苗寨也坐落在一片梯田中，稻秧青青，绿叶般环护着高低错落的吊脚楼群。我惊喜地看到，村中禾晾架林立，这意味着还有不少人种植香禾糯。两位老人正坐在屋前闲话，我上前询问：“田里种的都是糯稻吗？有没有种籼稻？”

“有糯稻，也有籼稻。”一位老人回答，“大约一半一半吧。”

“您有60岁了吧？小时候，您是不是都吃糯米？什么时候开始种籼米的？”

“从前都是吃糯米，这二三十年才改过来，也吃籼米。糯米产量低，亩产只有500斤，籼米亩产八九百斤，高的有1000斤。”他又补充说，“糯米好吃啊。”

街边，有对年轻夫妻正在用机器脱粒，谷壳飞扬，地上堆着一捆捆金黄的稻穗，像是许多带谷粒的小扫把。糯稻不同于籼稻，不在田头脱粒，而是连秆割下，扎成捆挑回禾晾架上晾晒，再连秆收进禾仓储存，家中米荒才临时脱粒。我问，今年的糯稻还没收吧？女人说，这是去年的香禾糯，可好吃呢！买点回去吧，一斤10元。

我们不敢久待，下午4点了，赶紧回程，所幸有人告诉我们一条地图上没有的小路，6点半就到了从江。县城跨江而建，空间逼仄，被迫向上下游无限延伸，宛如搁在江上的一截柔软绳梯。我们赶了整整一天路，行程不过200公里。

近代黔东南农业方面的一件大事是“糯改籼”。很少人知道，当地民族世世代代只吃糯米，水田里只种糯稻。乾隆《贵州通志》记载清水江流域的苗民“食惟糯稻”。《黔南识略》称丹江厅（今雷山县）“苗民贫富俱食糯米”。汉人军屯，才引进籼稻。嘉庆年间林溥《古州杂记》说：“苗民俱食糯米，收获较迟，九十月方始登场；屯军均种粘谷，收获较早，五月内即吐颖结实，六七月新谷满市矣。”古州即今榕江县，粘谷就是籼稻。起初苗民与军户各种各的，但是现在，月亮山苗民的梯田里，都种了一半籼稻。

第二天，我们经过小黄侗寨到黎平县黄岗侗寨，道路很好。小黄是成熟的旅游景区，以侗族大歌闻名，与黄岗隔着一道山岭，新辟了公路。这天是农历六月十五，

老人们常常坐在鼓楼中，围火夜谈。侗族的历史、宗教、娱乐、法律、习俗、社交，都与鼓楼紧密相连。对于游客来说，鼓楼是识别侗寨的标志；对于侗族人来说，鼓楼是侗寨的灵魂。摄影 _ 陆宇堃黄岗村正举办一年一度的喊天节（祭天节）。游客把广场围得严严实实，一身油黑侗装的寨老站在木架高台上“喊天”祈雨，乐队吹响芦笙，演员唱起侗歌。中午，我们买了30元一张的餐票，在礼堂的长桌上吃流水席，不出所料，主食是香软的糯米饭。

黄岗是我知道的唯一一个仍然以糯米为主食的村寨，满村都是禾晾架。2011年我来过黄岗采访，觉得非常奇异，后来才明白手抓糯米饭乃苗侗的地道传统。20世纪公社化时期，为了提高产量，政府在黔东南地区强力推行“糯改籼”，大种籼稻，导致当地培育了上千年的众多糯稻品种灭绝。黄岗村僻远，不少村民在垄尾地头偷栽香禾糯，保存下一些适合高山冷水田的糯稻品种。改革开放后，他们恢复了主食糯米的习惯。黄岗人称糯米饭为“人饭”，籼米饭为“猪饭”，客来，便风趣地问你吃人饭还是猪饭。我向黄岗人打听还有没有其他村寨以糯米为主食，他们都说没有。

糯米是一种特殊的米，来自于偶然的遗传突变。自然界并不存在糯稻，如果没人栽种，它们将很快灭绝。我觉得它还是稻谷中的贵族，富含油脂、口感香软、出产有限、价格昂贵，如今许多民族只在节日享用，或用之祭祀神明。我们的田野种满了籼稻，只是出于养活更多人口的理性选择，焉知没有那么一天，糯米重新成为我们的主食？那时，我们就会感念那些今天保存了糯稻谷种的人们。

回归传统的代价很大。黄岗人不敢去外面读书、打工，女孩不敢嫁给外村人，因为吃不惯籼米饭；同样，外村的女孩不愿嫁到黄岗，因为受不了餐餐糯米饭。黄岗全村姓吴，一个祖宗下来，只好在四座鼓楼间自相嫁娶。从前交通不便，高山之巅的黄岗侗寨遗世独立，倒也没什么；如今交通便捷，眼看小黄侗寨赚得盆满钵满，黄岗人耐不住清贫，也开始发展旅游。传统的力量来自封闭。想来三五年内，他们就会像加车人一样，把“猪饭”端上餐桌吧。

汉文化对苗侗民族的最大冲击，来自农业。除了稻作“糯改籼”，还有众多的旱作品种，如苞谷、小麦、番薯、马铃薯、花生、黄豆、茶叶、蔬菜等，都是随着汉族移民引进的。清乾隆年间的贵州总督张广泗说：“苗人只知耕种水田，所有山土悉皆抛弃。”雷山县西江苗寨是人口多达千户的大寨，据张晓对苗族妇女进行的口述史调查，直到20世纪50年代，“当地人只会种水稻。红苕只当买来的‘糖果’，玉米叫‘汉人的稻子’，麦子更是从来没有见过”。但是如今，比西江更偏僻的乌东苗寨，山坡旱地都种满了玉米和红薯。

高产农作物的引进，推动黔东南地区的生产方式、饮食方式和生活方式发生重大变革。不论你是否喜欢，在密切的交流中，苗侗民族与汉族越来越相似。但这并非汉化，正如你看到苗族年轻人使用手机不会称之为汉化。汉族只不过是一个先行者，引导黔东南地区融入了现代化和全球化浪潮。

“漂亮的婆娘是酿鬼”？

从黔东南回来，朋友关切地问：“有没有看到苗女下蛊？”自金庸在小说里描写了五毒教的使蛊功夫，美丽的苗女变得特别危险，似乎个个精通蛊术。据说，多数被认定为“蛊女”的女子的确貌美，但“蛊毒”之事颇为可疑，唯一肯定的是，所有的“蛊女”都命运悲惨、坎坷。至少在苗疆，这不是一个玩笑的话题。

乌东农家乐的老板娘姓杨，从别的村嫁来，头梳高髻，插着一朵大红花。我向她打听村里有没有人会下蛊。她压低声音说，有哦。有些人会酿鬼，在饭菜里下蛊，你吃了就肚子疼，有的就死了，大家都怕，不与她来往。但酿鬼人就猜疑，请你去吃饭，你呢去也不是，不去也不是。我说，到底去不去呢？她无奈地说，怎么敢不去？那你就得罪她了，只好去，吃饭时小心一点。

我又问，听说酿鬼人都是女的，有的很漂亮。她说，是哦，没人敢娶她们，有的跟汉人结婚，不懂她底细的，后来知道也晚了……

巫蛊又称鬼蛊、酿鬼，能利用毒虫或药物取人性命，属于神秘的黑巫术。黔东南有“无蛊不成寨”之说，几乎每个村寨都有几户被人暗指为酿鬼人家。据说，酿鬼人找来蛇、蚕、蟾蜍、蜘蛛、蜈蚣、马蜂等剧毒百虫，放在坛内，让它们自相厮杀，看最后谁活下来，或称蛇蛊，或称金蚕蛊、蟾蜍蛊。蛊虫身具百毒，能通灵幻化，受酿鬼人驱使杀人于无形，但酿鬼人也要时时祭拜、喂养蛊虫，否则会反受其害。酿鬼人通常为女性，传女不传男。

所有人都害怕鬼蛊，但恐惧没有带来尊敬，反而是孤立和鄙视。说某某是酿鬼人，是一项非常可怕的指控，意味着她是“不干净人家”，像贱民一样，村人和亲友都将和她断绝关系，其子女无法正常嫁娶。村里有谁无故生病、暴卒，往往怀疑中了蛊毒，亲友对酿鬼人轻则指桑骂槐，重则殴打羞辱，或捉拿报官——大清律规定“造蓄蛊毒”者死刑。为了防止酿鬼人报复，平时大家都是背后指指点点，很少公开指认。

我很想请老板娘告诉我哪家人酿鬼，过去看看，最后还是忍住了。巫蛊之说，泛泛而论是一回事，具体到某个家庭又是一回事。在黔东南，巫蛊是一笔依然活着的邪恶遗产，能产生真实的伤害。20世纪80年代，夏之乾先生在榕江县八开区调查时收集到几个事例，让人毛骨悚然：1978年，摆贝大队一少女被诬放蛊，其兄弟在舆论压力下对她进行逼供，要把她赶出寨子；1980年，高雅大队一女社员被诬放蛊，被拷打后婆家娘家都不敢收留；1981年，摆贝大队一女社员被诬放蛊，被活活吊打致死；1982年，八开公社高周大队一女社员被诬放蛊，受到围斗，头发被剪掉，衣服和铺盖被剪坏。

酿鬼人多为美女。黔东南的民谚说，“好花开在深山里，好婆娘出生在鬼人家”，“发财的人家是官家，漂亮的婆娘是酿鬼”。美女求婚者众多，有些人被拒绝后挟怨报复，诬称她酿鬼，就无人敢娶了。刘峰先生记录下一些“蛊女的特征”说：一，面容漂亮，眼神邪恶，眼睛青或红；二，穿着讲究，爱换衣服；三，家里干净，非常讲卫生；四，菜肴种类多样，饭菜香气浓，油水重；五，能说会道；六，喂猪长得快；七，心灵手巧，挑花刺绣出众；八，唱歌唱得好，记歌词记得快，颈根粗大，发髻大（内藏蛊虫）。（《巫蛊与婚姻——黔东南苗族婚姻中的巫蛊禁忌》）可见，蛊女多为聪明漂亮和勤快能干的女子。苗人婚前性行为比较常见，但对待婚姻很认真，父母必定要下一番“清理针线”的功夫，探听对方是否清白人家，如有亲戚

“闹鬼”，那万万不可。

摄影师李贵云先生跑遍了黔东南村寨，见多识广。他对我说，新中国成立前苗区有很多巫蛊传说，现在少了，雷山、丹寨可能还有一些。以前的故事都是说，汉人娶了苗族漂亮女子，几个晚上后就跑了，但苗女会下蛊，要他们三四个月回来，不然蛊毒就会发作。鬼蛊是苗族自卫的武器。现在这东西没有了，都是捕风捉影的事儿，苗族人也很忌讳谈论。

忌讳是真的，但黔东南苗族仍有不少村寨相信巫蛊。周相卿教授对雷山县格头、脚猛、掌批三个村落进行了调查，结论是：“三村很多习俗都发生了变迁，可人们对所谓蛊的传说却一直深信不疑。”徐晓光教授谈到郎德镇下朗德村的一个案例：1999年12月7日，W做东请客时，来客Y席间酒醉说“W家以前有人染上过蛊”。W很气愤，要求按习惯法处理。12月17日，Y按照要求带上100斤重的生猪1头、100斤大米、100斤酒，到W家杀猪摆宴，公开道歉。只要迷信的土壤还在，蛊毒随时还可能发作。

查找蛊毒的源流，我大吃一惊，发现巫蛊并非苗家祖传之秘，相反倒与汉族纠缠不清。

《隋书·地理志》说：“新安、永嘉、建安、遂安、鄱阳、九江、临川、庐陵、南康、宜春……然此数郡，往往畜蛊。”可见在隋代，巫蛊风气最浓的是闽浙赣三省。明代，据王士性《广志绎》的观察：“蛊毒，中州他省会所无，独闽、广、滇、贵有之。”江西与浙江已经摆脱巫蛊风气了，新增了广东、云南和贵州。到了清人的文献里，福建与广东都成了朗朗乾坤，巫蛊退却到西南少数民族，尤其是苗族领地。田雯的《黔书》称：“苗狆欲致富者，多蓄蚺虺、蜈、蟆诸毒物于罂缶中，滴其涎沫于酒食以饲人。”《乾州厅志·卷七》载：“苗妇能巫蛊杀人，名曰放草鬼。”

如果依据记载，宋元时期苗族还不懂什么是蛊，那时候闻名全国的使蛊高手是闽人。明清时期，巫蛊在闽地失传，不知怎么来到西南，突然变成苗族女子的绝学。这的确是一个耐人寻味的现象。

作为一种神秘文化，蛊毒是汉人对于南方未知威胁的一种想象，所以它总是存在于华夏文明的边缘地区，并不断位移。随着浙赣逐渐开发，巫蛊之乡逐渐退向蒙昧的闽广，再退向云贵。清水江流域民族地区开发最迟，所以成了中国最后的蛊乡，苗女成了最后的酿鬼人。

看懂银饰的“话语”

参加施洞姊妹节，还是2007年的事。印象中，一群苗族姑娘穿着盛装拦在寨门口，用牛角端来糯米酒，捧来五彩糯米饭。人们从各个村寨赶来，形成一道道人流，汇聚在清水江边。先是男人的捉鱼和斗牛表演；接着女性隆重登场，健壮的中年妇女擂鼓，银光闪耀的少女们围成一圈，踩着鼓点旋转起舞。那些全身披挂沉重银饰的姑娘排成整齐的队列，步调一致，银甲闪亮，与其说是舞蹈，倒更像是战阵演练。有些学者解读，她们的舞阵，重温了苗族历史上漫长的迁徙故事。

施洞是清水江中游重镇，属于台江县，隔河就是施秉县地。清水江流域开发后，清政府在施洞屯军驻守，很快成为一座策应上下游航运的繁华集市。施洞一带的苗族

黔东南的当地民族种植糯稻，他们在山间开辟梯田，“贫富俱食糯米”。这一地区直到近年来才有了籼稻的品种。

摄影 _ 杨通荣

尚黑，被称为黑苗，又称九股苗。在明清著作中，黔东南号称百苗，但以九股苗最为勇敢彪悍，他们也是清代苗族英雄张秀眉大起义的主力。和平年代，轮到九股苗的女子大出风头，每年，她们在人山人海的施洞姊妹节上，尽情展示苗族女性之美。

“雷山、凯里、台江、剑河一带的水边苗（当地将居住在河边的苗族称为水边苗，住在大山里的称为高坡苗）比较富，个子较高，衣服是细布、蜡染、绣花，讲究银饰，特别好看。”摄影师李贵云先生告诉我，“穷的地方服饰就朴素，比如六盘水的苗族穿的是粗布、白布，很少染靛青；榕江那边的苗族很少有银饰。这跟经济条件很有关的。台江、雷山和剑河那边的女孩，银饰一套要几万元钱，是贵州民族中最漂亮的，代表了苗族贵族文化，头饰上有高高的银角。但现在好多地方也都有银角了。为了旅游业，现在乱成一团。比如布依族原来的服饰很素，没有银饰，有些专家嫌不好看，就借鉴苗族绲边、刺绣，也有了银饰。”

说雷山、台江的苗族富裕，只是相对而言。我转了不少村寨，发现许多家庭相当清贫，全部家当几乎都穿在女儿身上。当地习俗，男子继承房屋田产，女儿则陪嫁一套银饰，包括头饰、颈饰、胸饰、身饰和手饰，用真银（据说丹寨一带多使用白铜）打制，工艺精湛，有的重达二三十斤。

黔东南地区并不产银，古代的苗族也不以银饰著称。那么，重视银饰的风气是什么时候形成的？大量的白银来自哪里？有学者认为，这与明清木材贸易有关。数百年里，清水江流域每年输出价值两三百万元的木材，许多以银圆支付，民间因此囤积了大量白银财富。后来由于白银掺假现象严重，且携带不便，改为“汉票”和“洪兑”等“期票”支付。于是，闲置的白银被人们制成装饰品炫耀。

细究起来，这些白银多半是“番银”，与海外贸易有关。晚明时期，中国沿海商人将一船船丝绸、瓷器和茶叶输出日本和菲律宾，但对方没有可与中国交换的物产，只好支付白花花的银子。日本是产银大国，菲律宾不产银，但菲律宾的统治者西班牙人刚在北美洲墨西哥发现了大银矿。有人估计，从1567年到1644年，海外流入明朝的白银总数大约为3亿3千万两，其中一部分流入了黔东南。参加施洞姊妹节的苗女不会想到，她身上的银饰，可能是明末穿过太平洋风涛而来的墨西哥白银。

在中国的各个民族中，苗族以服饰精美、能歌善舞著称，特别善于表演和展示，黔东南地区因此成为旅游胜地。但是贵州师大国际旅游文化学院的张晓松院长不赞同我这样表述，她严肃地说：“苗族的歌舞不是表演，是仪式。苗族没有文字，他们民族的神话、历史和文化都记录在歌谣、舞蹈、节庆和服饰上，应该淡化歌舞感，强调仪式感。很糟糕的是，游客都把它当成旅游表演看，把它表面化了，碎片化了。从人类学的观点看，黔东南苗族的一百多个支系，就是一百多套完整的民族话语。”

“但现在许多苗寨都把仪式当成歌舞表演了。那些偏僻山村，都希望游客来，千方百计吸引游客。你怎么看待旅游与民族文化保存的关系？”

“游客是洪水猛兽。我经常对搞旅游的苗寨说，他们像蝗虫一样飞过，连渣都不剩下，然后又把你无情地抛弃。”她激动地表示，“客观地说，个体游客是好的，每个观光者都带着善意，但中国人口太多，巨大的人流量可以毁掉所有文化。你想一个村寨每年拥进100万游客，还有什么东西留得下来？”

张晓松教授说，她不反对旅游，反对的是早年那种野蛮观光旅游，游客被一车车拉到西江、肇兴等几个固定景区，收门票，看歌舞，吃土菜，然后一车车拉回去。她提倡个人乡村体验旅游，把游客分散到黔东南成千上万个村寨，感受自然与人文魅力。“文化就是吃喝拉撒，很简单。现在是移动互联时代，线上线下，点对点，开辟了一种新的旅游方式。我想在哪个苗寨住几天，就直接与村里的农家乐联系；当地年轻人不必外出打工，待在家里做苗绣、蜡染和银饰，产品就在微信和网站上销售。这样的旅游，可以激发民族的内生活力，进入万众创新的时代。文化不是死的，是活的。”

我在黎平县地扪村转悠，阳光灿烂，看见不少老妇人独自在造纸。她们从桶里舀起纸浆，均匀地洒在一张网帘上，然后把网帘搬到墙边晒太阳，再拿另一张网帘来，倒纸浆，造第二张纸。我对手工造纸有些了解，知道这是浇纸法——一种比较落后的方法，造多少张纸就要用多少张网帘。我老家福建造竹纸，都是抄纸法，几个工人配合，用一张网帘造出成千上万张纸。

吴美油老人71岁了，我们语言不通，请她读小学的孙子在一旁翻译。她说纸是上山砍构树皮做的，现在构树很少，砍一天只有6张纸的料。她一天能做10张纸，有些人网帘多，可以做二三十张。这种纸张原来是用来包衣服的，现在每张卖5元。她从小跟母亲学造纸，村里的妇女人人都会，有人说是从前嫁到村里的一位汉族妇女教会大家造纸的。

构树皮是优质造纸原料，可以造出比竹纸、草纸更坚韧的高级纸张，但浇纸法浪费纸浆，并且纸面粗糙。我向她买了一张，米黄色，厚实得仿佛油布，纸面纤维毕露。我也不知干什么用，但觉这是一件手工制品，充满人类的气息，便觉得温暖。我想，这种想法的人多了，地扪寨的妇女就可以继续造纸，那位汉族媳妇——地扪寨的造纸英雄——的故事就会继续流传。浇纸法固然落后，但它最直观地呈现了造纸的原理，还让我们思考文明的起源。恐怕许多人都不知道，不需要大工厂，一位70岁的老妇人就可以独自造出纸来。

我想，这一刻，自己大约成了张晓松教授眼中的理想游客。

山间偶有平地，便被置作水田，种稻养鱼。与山争夺土地，是当地居民世代坚持的生存方式。摄影 _ 陆宇堃

锦屏，侗族自此分南北

地
撰文 李昊 摄影 李贵云 等

侗族大歌南侗传

三十年前，法国巴黎金秋艺术节，一群东方人站在高高的舞台上。她们一亮相，台下的各国观众立刻被吸引了。姑娘们脑后别着银簪、银梳，头戴银盘花、银头冠，耳坠银环；领口两组银扣对应排列；颈戴五只大小不同的银项圈；胸佩五根银链和一把银锁；手腕饰以银花镯……在她们走上舞台时，观众都能听到银器碰撞的交响。

当她们打开嗓子、放声吟唱的时候，观众被一种近乎魔幻的力量彻底征服了。不可思议——合唱、多声部合唱、自然和声，无伴奏、无指挥……

“清泉般闪光的音乐，掠过古梦边缘的旋律”——这就是被誉为东方天籁的侗族大歌。演唱者来自贵州省黔东南州从江县小黄村，她们的音乐起源于春秋战国时期。两千多年来，侗族大歌在村寨里，靠一辈又一辈歌师口传心授，代代传承。

10年前，侗族大歌被列入联合国教科文组织人类非物质文化遗产代表作名录。侗族大歌的音律结构、演唱技艺、演唱方式和演唱场合，都与一般民间歌曲不同，是一种“一领众和，众低独高”的音乐，必须由三人以上进行演唱，多声部、无指挥、无伴奏是主要特点。一般为双声部，上方声部称为“雄声”，下方声部称为“雌声”。大歌由三个部分构成：开始的领唱部分（侗语称为“起顿”）、齐唱的中心部分（侗语称为“更夺”）和多为持续低音的合唱尾腔部分（侗语称为 “拉嗓子”）。

侗族大歌内容结构严谨、宏大，歌词多是一些长篇的抒情歌或叙事歌，反映古代侗族社会生活的风貌。每逢侗族的重要节庆，在不少村寨的鼓楼前，都能听到侗族大歌合唱。比如在从江县小黄村，参与的歌手有成百甚至上千名，气势恢宏，振聋发聩，让人叹为观止。

可是，在侗族的繁衍生息地，并不是每一个侗寨都能听到这样绝妙的歌声。侗族大歌仅传承于南侗地区，北侗地区则完全听不到这样的音乐。

大江大河的滋养与分割

侗族主要分布在贵州、湖南、广西、湖北

四省毗邻地区，西至贵州都匀，东达湖南洞口，北至湖北恩施，南抵广西罗城（集中分布于东经108度至110度，北纬25度至31度之间）。人口近300万，超过二分之一的侗族人口在贵州省繁衍生息。

侗族自称Gaeml（发音近于汉语“干”或“更”）。关于侗族的起源，有些学者认为起源于“骆越”，有些学者认为起源于“干越”，因无历史记载，已无从考证。侗族最早以“仡伶”之名见于宋代文献。明、清两代曾出现“峒蛮”“峒苗”“峒人”“洞家”等称谓，新中国成立后统称侗族。

1958年，中国社会科学院少数民族语言调查工作队结束了对侗语的普遍性调查。工作队的专家学者明确了侗语分为两种方言——南部方言的使用区域为贵州黎平、榕江、锦屏（启蒙及以南）、从江，湖南的通道，广西的龙胜、三江、融水等地；北部方言的使用区域为贵州天柱、镇远、三穗、剑河、岑巩、江口、石阡、锦屏（大同及以北），湖南的芷江、新晃、靖州等地。

专家们为了分类方便，将使用南部方言的区域称为南侗，使用北部方言的区域称为北侗。侗族南部方言区与北部方言区划分边界，是贵州锦屏南部的启蒙镇至湖南靖州西部的藕团乡。

值得注意的是，南侗与北侗的区别并不止于语言，它们在建筑、音乐、服饰、风俗等多个方面都有明显的差异，以至于当你行走在南侗、北侗的村寨里，会明显地感受到同为侗族的诸多不同。

锦屏县，黔东南苗族侗族自治州辖县，位于贵州省东南边隅，依黔面楚，东界湖南省靖州县，南邻黎平县，西毗剑河县，北抵天柱县，现在居住着约23万人口，主体世居民族是侗族和苗族。

南侗、北侗于此地分界，是一种自然的巧合，还是历史的必然呢？这可以从穿过锦屏县城的一条江说起。

清水江是长江右岸重要支流沅江的主源，发源于贵州省都匀市谷江乡西北，干流全长459公里，主要流经都匀市、麻江县、凯里市、台江县、剑河县、锦屏县，在天柱县流出省境。

清水江以北，还自西向东并列流淌着两条大河，在贵州境内分别被叫作㵲阳河、锦江。它们最终都流向湖南，汇入沅江。而这三条江河之间的区域，几乎就是北侗的聚居区。

清水江以南，则流淌着另外一条自西向东奔流的大江，在贵州境内被叫作都柳江。都柳江，珠江水系西江干流的上源河段，发源于贵州省独山县，流经三都县、榕江县、从江县，入广西三江县寻江（古宜河）口，进入柳江干流融江段，全长310公里。清水江南岸流域与都柳江流域，几乎就是南侗的栖息地。

锦江、㵲阳河、清水江、都柳江——滚滚东去的大江大河，滋养了逐水而居的侗民族，也切割出两大方言区域。

朱元璋动了一下贵州历史

自然地理的构造往往决定了历史的走向。南侗、北侗的形成，正是地理与历史共同作用的结果，锦屏就是这个共同作用的切入点。

镇远横跨㵲阳河两岸，是曾经繁华的“湘黔门户”，这里的青龙洞建筑群与古巷保留的是明清时期的汉文化景观。

早在新石器时代，锦屏地区即有人类生息。春秋战国时这里属楚黔中地，秦属黔中郡。唐、宋两代，县地均为朝廷羁縻统治，基本保持了少数民族原有的社会组织形式和管理机构。元代隶属思州安抚司，由土司政权管辖。

明太祖朱元璋洪武元年（1368年）至洪武十四年（1381年），中央政府相继收服了四川、贵州的地方势力。朱元璋放眼天下，决定对盘踞云南的元梁王巴扎瓦尔弥动手。

朱元璋钦点三位爱将——主帅傅有德、左将军蓝玉、右将军沐英，率领30万大军兵分两路平滇。大军一路从四川南下，一路自湖广西进。地处清水江中游的锦屏，正是明军自湖广沿水路西进云贵的必经之地。

不过百天，平滇之役大获全胜。次年，贵州都指挥使司和云南都指挥使司建立。朱元璋深知，要彻底控制云贵，必须在这片土地上保持足够的威慑力。他一声号令，卫所制度迅速填充到云贵高原的统治空间中。贵州都指挥使司下辖24卫和两个直属千户所，卫下辖一定数量的千户所和百户所。

锦屏是东西水路交通要冲，自然也跟随着大历史，在行政管理上不断更迭。洪武三年（1370年），改置湖耳、亮寨、欧阳、新化四蛮夷长官司，属湖广靖州卫；五年，置中林验洞蛮夷长官司；十八年，废以上五司；二十年，置铜鼓、新化、亮寨二千户所，属五开卫；三十年，改铜鼓千户所为卫，隶湖广都司；永乐元年（1403年），复置以上五司，属思州宣慰司。明

邑扒侗寨位于黔东南南部的从江县，这里有着浓郁的南侗民族文化，与汉化明显的北侗地区的风光截然不同。

摄影 _ 陆宇堃

朝统治者如此反复折腾，目的只有一个：更加有效地控制西南。

朱元璋同时下令，卫、所的士兵就地屯田，不管是驻防内地还是边疆，每一兵士都由国家配给一定数量的土地自耕自种，以免去百姓的负担与转运粮饷的困难，实现军队的自我供给。

朱元璋的决定改变了平滇大军的命运。20余万明军在贵州“三分守卫，七分耕种”，军屯田土达120万亩。为了稳定军心，军士都带来了家属，没有家属的政府予以婚配。据《贵州六百年经济史》所述，20余万官兵和家眷“其数不下七八十万人”。随后，明朝又实行了“移民就宽乡”的政策，移民贵州从事民屯，共42万亩。除了军屯、民屯，明朝统治者还征集商人入黔，建立商屯。这些措施直接导致了明代贵州汉族人口超过原住民族的数量。汉族人的大量拥入，加速了汉侗交流与融合。

如今，距离锦屏县城45公里的隆里乡，依然非常完整地保存着明代千户所的样貌。隆里古城（贵州四大古镇之一）与苗乡侗寨完全不同，保存了600年前江南汉人的建筑、戏剧和生活方式。

南北侗景色大不同

中央政府军政的力量空前强大，民间的自然交往润物无声。数千年来，汉族和少数民族的交往一刻也没有停止过。

北侗地区的女子服饰简洁，多穿裤装。镇远县报京乡金龙村，即使在娶亲这样重大的活动中，新娘的穿着打扮仍然十分朴素。

摄影_陈沛亮

清水江沿岸山高谷深，气候温润，雨量充沛。大量的森林在这里暗自生长，林木蓄积量丰富。清水江畔的锦屏县森林覆盖率高达70%以上，沿岸许多地方都是著名的木材产区。大量的“苗杉”通过清水江放排进沅水、入长江。

清水江在天柱县远口镇流入湖南境内。这里江宽水阔，排筏辐辏，是清水江木材、篾缆、桐籽、油茶、柑橘等土产的重要集散地。以前曾建有两湖馆、宝庆馆、衡阳馆、江西馆、贵州馆等诸多会馆，开设木行木栈，专事木材交易。

而长江中下游的人流与物产也逆江河流向而上，沿着长江、沅江，最终通过清水江、㵲阳河和锦江入黔。大量汉族文化、习俗被北侗地区的侗族人学习、借鉴。美国人类学家梅尔维尔·赫斯科维茨将这样的不同文化的个人群体间进行直接的接触，继而引起一方或双方原有文化模式发生变化的现象，定义为“涵化”。

与之截然不同的是，在清水江南岸，巍巍苗岭阻碍了外界进入的脚步。在清水江南岸流域与都柳江流域之间的大山中，原住民族的传统被更多保留。

人类学家认为，当一个社会与另一个经济、文化上都比较强大的社会接触时，这个较弱小的社会经常要被迫接受较强大社会的文化要素。汉文化传统的强势地位，注定了侗汉涵化必然以侗族吸纳汉文化为主旋律。

南侗地区的黎平县黄岗村，侗族女子们的节日服饰十分繁复。

文化交融，必然依靠语言叩开心门。侗族南北方言差异的形成，实质是侗汉文化碰撞的结果。正如《侗族》一书中描述的那样，在北侗，“侗语言吸收汉语词语和汉语语法形式比较广泛，语音趋于简化，长短元音的对立消失，塞音韵尾开始脱落或合并。而南部方言则保持较古面貌”。也有专家学者认为，当秦汉时期的骆越民族迁徙至黔湘桂交界的崇山峻岭中，并开始分化出后来的侗族的时候，他们的语言还是共同的、一致的，不存在南北方言的差别。后来之所以存在这样的差别，根本的原因就在于汉族文化的影响和周边其他少数民族文化的影响。

在历史和地理的共同催化下，南侗、北侗的差异性越来越大。

在古镇镇远，不少客栈的老板就是侗族人。他们着汉服、说汉话，行为举止与汉族人几乎相同。原来，随着汉侗交流，这里的侗族人六百多年来大量向汉语借词，古侗语已基本消失。在镇远、玉屏、石阡等地，侗语已不再是交际语言。

侗语在东亚语言的比较研究中占有重要地位。侗语声调名列侗族闻名中外的三大文化瑰宝（鼓楼、风雨桥、大歌和声调）之列，其声调之多、演变之大，为世界有声调语言所罕见，是目前所知世界上声调最多的语言。

在南侗地区，古侗语被相对完整地保留下

南侗地区加榜乡新米节上仍然保留了芦笙舞的习俗，与之不同的是，北侗地区以箫笛为主要乐器。

摄影 _ 旷惠民

来。如果你行走在都柳江畔的侗寨里，就可以聆听这种天籁般美妙的语言。特别是侗家女儿说起古侗语，如水自流，音韵婉转，腔调复杂，入耳如歌。就算是当地人操一口汉语，也会保留古侗语的腔调，为汉语注入了音乐性。

在建筑方面，南侗地区的建筑集中体现了侗族建筑的高超智慧；而北侗地区的大量建筑已经完全是明清时期徽派建筑样貌，甚至借鉴了西洋建筑的风格。

天柱县三门塘村被誉为北侗第一寨，寨子里不仅能看到大量徽派建筑，还能看到中西合璧的刘氏宗祠。我们决定一探究竟，从锦屏县城上船，顺着清水江随波东下。江水清澈见底，江面清风拂面。两岸青山叠嶂，天清气朗。船行20余公里，便到三门塘侗寨。船工顺江一指：“再走20里，便是远口镇，往下就到了湖南地界。”

从左岸登陆，落脚三门塘村。据向导介绍，很早以前，从湖南迁入的严、谢、王三姓，各立门户，故称三门塘。又传是寨中东、西、南三面各立有寨门，因而叫作三门塘。现寨中有19姓，300余户，1500余人。

村旁古树参天，不乏银杏、水杉、榉木、香樟、细稠木等珍稀树种。寨门前，立着几块古碑，分别记载着明代以来村民集资置义船、建义渡、架桥修路的历史。脚下的便道用大石板或鹅卵石铺就。村中有石拱桥和石板桥各两座，都有400年历史，至今仍然发挥着作用。

这哪里像是在侗寨，仿佛就是行走在一座皖南古村。我不禁疑惑。几十幢民居，倚山面水，对称分列，面阔三间，中为厅堂，两侧为室，院落相套，高墙封闭，马头翘角，粉墙黛瓦。干栏式侗族民居偶尔穿插其间，最具代表性的鼓楼和风雨桥却难觅踪迹。

村中建有三圣宫，始于明代，村民于宫中设义学学馆。两座造型别致的家祠特别惹眼。太原祠为王姓家祠，建于1908年，占地300平方米，是一座典型的徽派建筑。相隔百米的刘氏家祠则风格迥异。刘氏家祠占地250平方米，始建于清乾隆初年，民国中期重新修葺，山墙高耸，墙脊错落。祠堂的墙上，布满人物、花草、禽兽等各式泥塑和水墨画，惟妙惟肖，生动传神。大门上方，有雄鹰展翅飞翔的雕塑，两列墙柱对称地塑有44个拉丁字母。两口彩塑时钟，把时间定格在上午9点12分。正面的窗户，为罗马式建筑风格。大门及院内，均为徽派建筑风格。

1933年，刘姓后裔重修刘氏宗祠，请游历宽广、画技精湛的画师王泽寰设计绘图，请湖南靖州建筑师承建施工，历经两年告竣。长期的文化交流历程，让这里的人们对外来文化产生了强大的包容性。一座东西合璧的宗祠，就这样诞生了。

北侗地区强大的文化包容性，也让传统的侗族建筑日渐式微。天柱凤城原有四座侗族鼓楼，但是半个世纪前便已难觅踪迹。凤城附近的紫云桥、宝带桥，都是侗式风雨桥，桥长达百米，跨五孔三亭，桥头立有狮子石塑，桥尾奉有土地神，但均已崩塌。现天柱境内仅存硝洞风雨桥一座，建于光绪年间，距今已有一百多年的历史。整个北侗地区的建筑状况与天柱县相仿，传统侗式风雨桥、鼓楼留存极少。

而在南侗地区，风雨桥和鼓楼仍然是典型的侗寨识别符号，村村寨寨几乎都能见到。在全国最大的侗寨肇兴侗寨，在增冲侗寨及广西三江等地，规模宏大、构造精巧的鼓楼、风雨桥比比皆是。这些建筑采用全木卯榫结构，不用一颗铁钉。

时至今日，南侗人依然穿行在风雨桥上，聚会于鼓楼之下。

各具特色的生活场

在北侗地区，箫笛是重要的乐器。玉屏侗族自治县所产箫笛，创于明末，雕花打磨，式样俊美，雌雄成对，发音精准，为“贵州三宝”之一。南侗地区的主要乐器则是芦笙。

南部侗族的服饰十分精美，妇女多善织绣，侗锦、侗布、挑花、刺绣等，手工艺极富特色。女子发髻饰以环簪、银钗，或戴盘龙舞凤的银冠，佩挂多层银项圈和耳坠、手镯、腰坠等银饰；身穿无领大襟衣，衣襟和袖口镶有精细的马尾绣片，图案以龙凤为主，间以水云纹、花草纹；下着短式百褶裙，脚蹬翘头花鞋。而北侗地区妇女服饰较为简洁，多穿裤装。

南北侗民歌的差异也非常明显。在罗卉的《南、北侗族音乐研究》中我们可以发现，南侗民歌种类繁多，按照体裁和内容可划分为大歌（如鼓楼大歌、声音大歌、叙事大歌）、情歌（如琵琶歌、牛腿琴歌、笛子歌、山歌、流水歌、喉路歌鼙）、礼俗歌（如拦路歌、踩堂歌、酒歌、款歌）和戏歌（如琵琶叙事歌、牛腿琴叙事歌）。其基本特征是旋律平缓温柔、优美婉转，含蓄内敛，听似潺潺流水的山涧之音，饱含着岁月沉淀下来的古韵和忧伤。其中较有代表性的南侗民歌有琵琶歌、拦路歌、通道喉路歌鼕及最负盛名的侗族大歌。

北侗民歌的体裁和内容可分为玩山歌（初相会、深恋歌、成双歌）、婚俗歌（伴嫁歌、姊妹歌、出嫁歌、拦门歌、盘烟歌、酿酒歌、辞别歌）、酒歌（好事歌）、丧事歌（法事歌、孝歌）及其他（桃园歌、拜年歌、祭鬼歌、佛歌、龙灯歌、儿歌等）。其基本特征是旋律高亢激昂、跌宕起伏，调式变化多，善于咏叹，曲调奔放热情豪迈，犹如苍山中奔涌的瀑布，具有一泻千里之势，把心中情感抒发得淋漓尽致，表现出侗族开放和豪爽的性格。结构特点是一律为单旋律无伴奏的形式，篇幅短小，其中包含五言、九言、十一言等不同字句结构，但以七言四句居多。

南北侗的差异不仅仅在看得见的“符号”上，还存在于社会生活的方方面面。

侗族祀奉始祖神姜良、姜妹。在侗族神话《洪水滔天》里，宇宙初开，洪水泛滥，生灵灭绝，姜良、姜妹兄妹婚配，繁衍后代。同时，侗族还崇祀“飞山神”杨再思。他是宋代西南羁縻州溪洞首领，占据靖州飞山洞，被世人尊称为“飞山公”。这些神灵在南北侗地区也产生了差异。在南侗，传统信仰被比较完整地保留；在北侗，儒、释、道的神灵也被信奉。同时，南北侗在社会管理机制、习俗方面都存在较为明显的区别。

变化是永恒的。任何一个民族、一种文化，都必然在时光的雕刻中，传承变迁。面对岁月的吟唱，我们驻足聆听、发现、思索，看见看得到的风景，走近看不见的灵魂。

明朝的戍边政策，让隆里成为黔东南的汉族文化区，特别以江南文化最为厚重，同时也糅杂了当地苗侗文化元素。这是隆里民间的“花脸龙”表演，由明代屯军时的隆里先民引入这一带，扛龙人的脸上画五色脸谱，生、旦、净、末、丑角色俱全。

地

雷公山
孑遗生物的避难所

撰文 陈旭 摄影 陈沛亮 等

雷公山是苗岭的主峰，地处贵州省黔东南苗族侗族自治州雷山、台江、剑河、榕江四县之间，十多座海拔1800米以上的山峰环伺雷公山四周。雷公山海拔2178.8米，是清水江和都柳江水系主要支流的发源地；山北清水江水系汇入了长江，山南西江水系则汇入了珠江。

雷公山下的雷山县，是苗族文化的中心，是苗族历史上历次大迁徙的主要集结地。

苗岭之巅，苗族“母亲山”

在贵州东南部，矗立着巍峨连绵的山脉。它长约180公里，宽约50公里，呈东西走向，将长江水系和珠江水系分割开来。苗族世代聚居于此。苗岭山脉呈断续分布，六枝县老王山（郎山）、贵定县云雾山、雷山县雷公山并称苗岭的三大名山。雷公山是苗岭的主峰，地处贵州省黔东南苗族侗族自治州雷山、台江、剑河、榕江四县之间，十多座海拔1800米以上的山峰环伺雷公山四周。雷公山海拔2178.8米，是清水江和都柳江水系主要支流的发源地；山北清水江水系汇入了长江，山南西江水系则汇入了珠江。雷公山的海拔落差在1000米左右，在雷公山东侧的小丹江河谷，海拔落差则接近1600米，巨大的海拔高差，使这里的河溪对山谷形成了强烈的切割作用。居住在雷公山周边的苗族和侗族先民是大地的雕刻者，他们在雷公山的山坡上造就了层层叠叠的梯田景观和鳞次栉比的吊脚楼。雷公山下的雷山县，是苗族文化的中心，是苗族历史上历次大迁徙的主要集结地。如今，雷公山周边人口约40万，其中90%是苗族，中国最大的千户苗寨西江就坐落在雷公山脚下。千百年来，苗族人视雷公山为“母亲山”。

如今，行走在雷公山这亚热带的湿润山区里，依旧可以看到苗族人沿袭着远古的习俗：鼓藏节、苗年、游方节依旧是苗族人最盛大的节日；跳芦笙、踩铜鼓、斗牛、斗鸟及对歌，依旧是最为苗族人所喜爱的狂欢；在雷公山半山腰及山脚下的苗寨中，飞歌、芦笙、锦鸡舞、锦衣银裳、超短裙依旧是苗族人多年未变的风景。

雷公山属中亚热带季风山地湿润气候区，冬无严寒，夏无酷暑，雨量充沛，最冷月（1月）平均气温为山顶-0.8℃，山麓4℃至6℃；最热月（7月）为山顶17.6℃，山麓23℃至25.5℃；年平均温度为山顶9.2℃，山麓14.7℃至16.3℃。物竞天择，适者生存，这样的温度变化，直接导致了植被的垂直分布。山巅高寒地带基本被耐寒的杜鹃林和箭竹林占领，雷公山巅足足有1300多公顷的杜鹃花海；中高海拔山地是常绿、落叶阔叶混交林的天下，比如水青冈、亮叶水青冈等；中低海拔山区则是常绿阔叶林的地盘，栲、石栎、木莲、玉兰、杉木都是这里的优势树种，其中玉兰有1000多公顷。当然，这里也是人类

髭蟾得名于繁殖季节雄蟾上唇后缘长出的黑色角质刺，当地人认为这种角质刺像蟾的胡须。雷山髭蟾是雷公山独有的神秘生物，关于它们还有很多未解之谜等待我们去发掘。

雷公山千年巴东栎。

的重要居住区。过去，受苗族山神崇拜与人类力量的限制，雷公山高海拔山区丛林除了采药人偶尔光顾外，基本上是人迹罕至。因此，它也为今人留下了大片的原始丛林，成为黔东南乃至贵州屈指可数的物种基因宝库。而今，穿越雷公山丛林的盘山公路，已经可以让人们驱车直达山巅。沿着溪流修建的登山步道，共有1983级台阶，将成群飞瀑串联起来。人行其间，忽然见飞瀑跳跃于树梢，忽然见溪流蜿蜒于桥下或石涧灌丛间，一路上水声欢畅，和着鸟鸣、虫声和蛙唱，让人们的朝山之旅充满乐趣。

唐代诗人孟郊曾经路过雷公山，写下“苗岭天下秀，半在黔东青”的诗句。今天，这种美景历经千年而未改变，就像它养育的苗族儿女把历史穿在身上一样，这座山脉的自然史，也掩藏在从山巅到山脚的浓郁绿色之中。

等待发现的物种基因宝库

在古老的冰川世纪，雷公山是个幸运儿。在寒冷的第四纪冰川侵袭大地时，它不仅没有遭受第四纪冰川的洗劫，而且成为许多古老孑遗生物的避难所，蕴藏着丰富的生物资源。近些年，科学家们在雷公山陆续发现了各类生物近2000种，它成为贵州乃至我国中亚热带森林植物资源比较丰富、珍稀动植物资源保存较多的一个重要地区，列入国家保护的珍稀、濒危动植物有43种，红豆杉、南方红豆杉、钟萼木、异形玉叶金花、秃杉、水青树等珍稀植物

雷公山区的生物多样性保存得极其完好，每一种花草果实都有它们自己的美。

都在雷公山大量分布。

科学家在雷公山的发现纪录被不断地刷新。他们先是发现雷公山是座“蛇山”——在雷公山湿热的山涧及喀斯特溶洞里，生活着数十种蛇类，其中毒蛇就有十余种，让人谈之色变的烙铁头、银环蛇、竹叶青等毒蛇，都如幽灵般栖身于雷公山的丛林中，它们和威猛的走兽相比，更让人忌怕几分。随着雷公山科考的深入，贵州的蛇类目录在不断刷新，比如2011年在雷公山发现的黑带腹链蛇。

除了这些让人后脊发冷的蛇类，一些新物种的发现也让雷公山声名鹊起，比如雷山髭蟾。这种髭蟾因模式标本产地在雷公山而得名。这是一种非常特别的蟾类，当地人叫它“胡子蛙”。在繁殖季节，雄蟾上唇后缘会长出黑色角质刺，并带有迷人的光泽。雄蟾用这些角刺与其他雄性一较高下，战胜者将赢得与雌性的交配权。此外，角刺的多少还决定着髭蟾的种类：产于福建武夷山的崇安髭蟾，每侧多为1枚角刺；雷山髭蟾，每侧为2枚角刺，无声囊；产于广西瑶山、湖南和浙江等地的瑶山髭蟾，每侧多为2枚角刺，有声囊；产于云南的哀牢髭蟾，每侧则多达10~16枚角刺，这串“胡须”长得真够多的。

雷山髭蟾至今仍是一种谜一样的生物，就像雷公山一样充满了未知。冬季雷公山开始变得萧瑟，雷山髭蟾却开始下河繁殖。它挑在那时繁殖，是因为它的许多天敌已经开始冬眠。如此说来，雷山髭蟾在雷公山应该很多才对，但事实上它依旧是个珍稀物种。为什么会出现这样的状况呢？因为雷山髭蟾的天敌还有人类。这种“胡子蛙”是当地人的美味，而且它的卵甚至刚孵化出的蝌蚪，也是当地人的美食。遭受此等厄运，雷山髭蟾想不濒危都难。

好在雷公山山大沟深，总有当地人涉足不到的山涧溪流，于是雷山髭蟾终于等到了科学家发现并保护它们的日子。今天，食用雷山髭蟾的习俗正在缓慢改变。到了冬季，雄性雷山髭蟾会在溪流底部平坦的大石块下面鸣叫，若你听到溪流中传来低沉的“咯、咯、咯”的叫声，没错，那就是雄性雷山髭蟾为吸引雌蟾前来交配唱的歌。

借助于雷山髭蟾单调的求偶歌声，科学家们对这一物种在雷公山的分布情况有了一定的了解。可是在繁殖季结束之后，雷山髭蟾便隐匿了踪影。它们去了哪里？夏眠了，还是迁移了栖息地？这依旧是待解之谜，雷公山没有给出答案。雷公山沟壑纵横、层峦叠嶂的雷公山，随着社会经济的发展，人口、环境的压力不断加大，生物多样性保护，特别是珍稀濒危物种的保护危机也日渐凸显。科学家有责任让更多的民众知道雷公山物种基因的重要性，引导民众去保护这些珍稀濒危物种，保护这些物种赖以生存的生态环境，让它们能够在少有人干预的状态下继续生存下去。非洲绿色地带运动组织发起人文佳莉・马赛教授说：“发展就代表着存活下去，拥有更高品质的人生。我们可以减少消费，去过更美好的生活。我们应该非常尊重生态系统，尊重自然系统，尊重生物多样性。你放心，不知道有何好处没关系，那不是你创造的，你不知道它的好处，就顺其自然吧！因为上苍知道。也许将来有一天，人类在未来的世代，可能会发现他们能够存活，就是拜生物多样性所赐。”

秃杉，大器晚成的“树中巨人”

千百年来，在苗族人的呵护下，雷公山的森林植被一直保持良好。今天，它的森林覆盖率为88%。在这中亚热带的森林生态系统中，最耀眼的旗舰物种，是国家一级保护植物秃杉。

雷公山秃杉天然群落，一经发现，便闻名于海内外。它们是现今世界上仅有的两种秃杉之一，是名副其实的活化石植物。它们起源古老，是第三纪古热带植物区系的孑遗物种。雷公山的秃杉林面积约有15公顷，计35片，主要分布在雷公山东南坡的沟谷地带，其中最大一片秃杉林面积约有2公顷。根据科学家的研究统计，胸径在10厘米以上的秃杉现存5000多株，最大的秃杉树高近50米。今天，雷公山可谓是贵州省唯一的秃杉种源地和基因库。

在第四纪冰川到来之前，我国曾有大面积的秃杉林分布。但是经历第四纪冰川的几次寒潮侵袭后，在我国，秃杉只在云南省以及西部怒江流域的贡山、澜沧江流域的兰坪、湖北省西南部的利川和毛坝、台湾的山区、贵州省东南部的雷公山局部地区保存下来，形成间断分布。而雷公山的天然秃杉林是前述地区中保存较完整、原生性最强、面积最大、数量最多的一处。

因模式标本是在台湾发现的，所以秃杉又被称为“台湾杉”。它是分布在中亚热带季风气候区的一种常绿乔木，是亚洲长得最高的树种，高可达90米，直径可达3米，

秃杉的寿命极长，身高也让人望而生畏，它是亚洲植物高度之冠。 摄影 _ 袁仁林

是树木家族中的巨人。而且，它的寿命很长，在针阔混交林中，发现数百岁的秃杉老树，也不足为奇。

古人说“合抱之木，生于毫末”，用在秃杉身上，真是恰如其分。秃杉的种子，千粒重1.53克，如果是不了解秃杉的人，拿着这轻如无物的种子，怎么也不会想到这些种子能长成有30层楼高的大树。“大方无隅，大器晚成。大音希声，大象无形。”《道德经》中的这些话，用来赞誉秃杉，也很贴切。在一个人有限的生命中，从他记事起栽下一棵秃杉，那么，终其一生，他也无法估算秃杉的体量，也无法形容秃杉的气度。所以，苗族人将它视为“神树”，将它栽植在村寨里，让它守护村寨，保佑子孙后代的繁衍生息。在贵州雷山县雷公山东部的方祥乡格头村，分布着大片秃杉，其中包括世界上最大的秃杉树，被称为“秃杉王”，迄今它已经矗立上千年，依旧根深叶茂，继续生长。

秃杉生长迅速、主干发达，主根较浅，侧根和须根十分发达，只要种子能落在80厘米深浅的土层中，再有适当的光照和水分，就有成为大树的可能。10岁以前的幼树，生长缓慢，仿佛人类的童年，懵懂而贪玩，却为今后体格的发展积蓄着能量；10岁以后，秃杉几乎是“见风就长”，一年就能蹿高2米。秃杉树形端直，它在长高的过程中，似乎在和别的树木比高，似乎要探入天空搂住白云。它长得那么快，把自己的树皮都挣裂了，树梢蹿高得太快，枝叶都来不及伸展开来，远望就像一个“秃子”，也许这就是它得名“秃杉”的原因吧。秃杉顾不上这么多，它就想长高、长高，它忘了时间，也忘了“谈恋爱”。春夏秋冬，寒暑更替，一个甲子过去了，当年栽植秃杉的人已经垂垂老矣，或者早已化为尘土，可是秃杉的青春期才刚刚到来。六七十岁的秃杉精神焕发，开始每年在昆虫的媒介下谈一次“恋爱”，于10月到11月间贡献亿万粒种子，然后借助人及小型兽类甚至风的力量，将种子撒播到四面八方。如果种子找到了适合的生境，那么它们会长成大树；如果没有那么幸运，秃杉的种子会很快死亡。

100岁，秃杉将迎来又一个生理节点。100岁之前，秃杉的树叶呈针状，约8~15毫米长；100岁之后，秃杉的树叶就变成了鳞状，约3~7毫米长。从此之后，已经长成参天大树的秃杉，开始它跨越时空的脚步。它稳立大地，伸开平展的枝条与近圆形的树冠，不为雷电暴雨狂风、严寒积雪冰挂所动；它的高度，只有飞鸟与白云能够丈量。

杉木树，苗寨中的“万能之木”

雷公山中低海拔地区，有两大类植物与人的生活休戚相关：一类是稻谷，为侗族、苗族人提供了源源不断的食物；一类是杉木树，为侗族、苗族人提供着永不匮乏的木材，让人们能够建造屋舍，遮风挡雨，繁衍后代。

杉木是常绿乔木，高可达30米，直径可达3米。作为亚热带的优势物种，它广泛分布于中国秦岭—淮河以南地区。在贵州，苗寨、侗寨周围的梯田四角及山地里，都可以看到这种树木，被人们称为“万能之木”。

贵州人说杉木全身都是宝，根、枝干、树皮、树枝都是良药，这是站在人类的角度来说。站在动植物的角度来说，杉木全身都含有毒素。它排斥其他物种的靠近，有些物种直接被它杀死，有些被它的毒素折磨得病恹恹的；但人们发现它也有好伙伴，比如马尾松和稻谷之类，都能和它和平相处，共生共荣。

杉木喜欢光，喜欢温暖湿润、多雾少风的环境，它不耐严寒及干旱，肥沃而排水性良好的酸性土壤是它生长的沃土。当杉木的种子落在泥土中，萌芽之初，并不是向下拼命扎根，而是向四周伸出发达的侧根和须根。如果这些根须被农人的锄头挖断，它就萌生更多的根须，再生力强，所以它并不介意这种伤害。在合适的生境中，杉木便在温暖的阳光下疯长，发达的侧根和须根源源不断地为它提供水分和营养，让它可以不停地长高。它浑身上下释放的独特味道，提醒周遭的生灵不要来惹它。这种“放毒”的过程，有时甚至会“误伤”自己。不过，整体来看，杉木的策略是成功的，从一枚种子萌发到长成人类可用之材，在贵州的生境里，它只需十年就能完成嬗变。

在雷公山海拔600~2500米的山区，苗族、侗族的房前屋后、梯田四角，山坡阳坡，到处都可以见到这种高大乔木。野生的杉木和灌丛及马尾松并生，组成高低错落的林相景观；人工繁育的杉木，有的在山坡上呈纯林分布，林中遮天蔽日，万木参天；一些少数民族村寨中，杉木会长成高耸入云的护寨树，成为人们争相膜拜的图腾。在雷公山脚下的短裙苗寨中，人们还利用杉木不怕水泡的特性，在水中建起一个个粮仓，既可防潮，又能防止鼠害和虫害。

因为杉木的存在，吊脚楼建造技艺成为一种精湛的非物质文化遗产，在西南少数民族中传承下来。吊脚楼的飞檐，是利用杉木的弧形根脉制成；挺直的廊柱和房梁，以及椽子、门窗、墙板等小件，也都来自于杉木。精巧的工匠，可以不用一枚铁钉，就能够完成一座吊脚楼的建造。无论是建造土司的宫殿，还是建造普通的民居，有了杉木，他们都可以化腐朽为神奇。而且难能可贵的是，杉木超强的根脉萌发性，让它能够像韭菜一样一茬茬地采割。

一方水土养一方人。雷公山因逃脱于冰川的洗劫所遗留下的生态系统，直接影响着这块土地千百年的历史，古老物种在此得以留存，人与万物因为这座山的存在得以休戚与共。

傲世独立的梵净山金顶。摄影＿吴东俊

地

梵净山

苗疆走廊上的弥勒道场

撰文 覃妮娜 加贝 摄影 朱永忠 等

历史时期的贵州东部地区，国家力量的控制基本局限在苗疆走廊及其沿线地区，来自『苗蛮』的不稳定因素依旧存在。中央王朝的一大举措是加强对苗疆地区的佛教建设。

几百年间，在梵净山，随着皇庵的香火鼎盛，周边又建起大大小小的寺院佛堂，善男信女往来不息，山间宛若城市。幸运的是，无论弥勒道场如何沉浮，梵净山的天然『净土』一直保持下来。

贵州省东部的梵净山，风光秀美，生物繁茂，早已位列国家级自然保护区。但它有一个更为著名的身份——梵天净土，因其自古以来就是佛教圣地。然而，梵净山所在的地点非常特殊——这一带集结了土家、侗、苗、仡佬等少数民族，宗教信仰十分复杂，菩萨、树神、土地、巫傩等万事万物，有的在当地至今仍被视作神灵来崇拜。就是处在这样一个族群复杂、民间信仰丰富杂糅的地区，梵净山却以“佛教名山”、“弥勒道场”的称号驰名中外。汉传佛教何以传入这崇山峻岭中的“蛮夷腹地”？梵净山又是如何成为与五台山、普陀山、九华山、峨眉山齐名的第五大佛教名山的？

单以梵净山峰峦巍峨、云谲波诡的奇异风光解释，怕是不够充分的。梵净山成为“武陵蛮夷”聚居区的佛教圣地，与其身处西南咽喉的地理位置、彼时中央王朝的政治方略及边疆政策等因素息息相关。

梵净山位于印江、江口、松桃三县交界处，《汉书·地理志》称其为“三山谷”。梵净山山体庞大，方圆可达六七百里，是横亘在湖南、贵州、湖北、重庆四省市的武陵山脉的最高峰，自古便处在“武陵五溪”腹地。

武陵山脉中的“五溪”，指今日沅水上游的酉水、辰水、溆水、潕水和渠水五大支流，主要流经湖南、贵州、湖北、重庆四省市交界处，历史上是我国南方重要的少数民族聚居区。其中，梵净山是五溪之一——辰水的源头，自战国秦汉以来就被当地少数民族作为“圣山”朝拜。

通往西南的咽喉

梵净山所在的今贵州地区，居于通往西南边陲的交通枢纽位置，早在战国秦汉时期就得到重视：《史记》记载，战国时楚与秦争夺西南霸权，就曾经贵州入云南；汉武帝时还曾派人开通从巴蜀经贵州到岭南的“古夜郎道”。此后历朝历代也始终未放弃将贵州地区打通为重要通道的尝试。然而，战略地位如此重要的贵州，在不同历史朝代上始终分属于不同区域管辖，直至明代永乐十一年（1413年）才正式建省，成为省一级行政单位。

贵州至明代才成为省级行政单位被纳入中央管理，其原因纷繁复杂。翻阅万历《贵州通

梵净山南门牌坊与建筑群。竹林中掩映着汉族风格的建筑，牌坊匾额上书“名岳之宗”。

摄影 _ 李贵云

志》，“黔于《禹贡》为梁州之境，殷为鬼方，周为髳、微、羌、巢之类”。秦汉时，分属黔中、牂牁、武陵等郡。可知，自古以来贵州便是族群林立、权力纷争之地，加之其位于云贵高原向东南丘陵的过渡地带，交通阻隔因素也在一定程度上限制了该区域与中原政治经济核心地带的交流。因而自汉以来，中央王朝对此区域多采用羁縻政策，保证名义上的统治却始终未强势进入，其政权实际由当地土司掌控。

唐宋时期，长江中下游流域的两湖地区引进了新的稻作品种，水利田得到大面积开发；同时，经历南诏、大理发展时期的西南地区经济有了较大发展，中国经济重心整体南移。及至元代，中央政权统治区域进一步扩大，西南地区被纳入中央版图，其经营与发展成为关系整个国家边疆防御体系的关键。而此时，贵州所在地作为进入西南地区的咽喉，战略地位得到空前提高。

实际上，在历代对贵州通道逐步开发的基础上，元代时已建立了以普安路为基础的由云南经贵州至湖广的“通道”。据《蒙元驿站交通研究》记载，普安路先到不鲁吉（今云南省曲靖市沾益区盘江镇东南），然后经他罗迷（今云南省曲靖市富源县中安镇西北）、普安（今贵州省六盘水市盘县东）、普定（今贵州省安顺市）、顺元（今贵州省贵阳市）、麻峡（今贵州省黔东南州麻江县）、罗仲（今贵州省黔东南州凯里市）、偏桥（今贵州省黔东南州施秉县）等站至镇远府（今贵州省黔东南州镇远县），由镇远府水陆两路通往岳州（今湖南省岳阳市）。同时，还在通道沿线设立屯军，以加强对此交通要道的控制。《元史》中记载，在对八百媳妇国进行军事征讨时，朝廷军队就尝试“借道”贵州进入云南。然而，由于当时赋役过重，引起贵州土司及民众反抗，此次借道并未成功。

由于途经以贵州为中心的苗疆地区，这条通道被贵州大学杨志强教授及其团队命名为“古苗疆走廊”。它具体是指起于湖南常德，沿水陆两路溯沅江而上，经湘西沅陵、芷江等地进入贵州境内，在镇远改陆路经过施秉、贵阳、普定等地，最后抵达云南昆明的这条古驿道。历史上，武陵蛮、苗族、瑶族、侗族等都曾通过此走廊进入贵州及西南山地。从地形上说，苗疆走廊处在从两湖地区的洞庭湖平原向云贵高原地形过渡的地带，长期以来湘西及贵州山地族群依此走廊进入平原地区以维持生计。可以说，苗疆走廊自古以来就是民族迁徙和交流的重要通道。

此起彼伏的苗汉之争

明代延续了元代对西南地区的统治策略，对苗疆走廊的维护与开发也通过建立卫所、封授土司等政策持续进行。但如元代借道苗疆走廊遭到贵州土司反抗的状况，及至后来明代建省进行统治都始终存在。张廷玉《明史》里记载，明洪武十四年（1381年），为征讨云南，傅友德率大军从湖广出发，沿辰水、沅水赴黔中普定、普安，再进军云南曲靖。然而，进军曲靖之前，仍需“克普定、普安，降诸苗蛮”。可见在明初，沿途“苗蛮”的反抗对于保障云南通道的畅通依旧是亟须解决的问题。

真正使中央政权决定在贵州建省，是永乐十一年（1413年）发生的土司暴乱事件。当时，思南、思州土司因争夺矿场相互仇杀，引起战乱。明派兵平定战乱后，将其地分为八府四州，并设贵州布政使司，由此贵州作为省一级行政单位被正式纳入中央王朝统一管理中。这之后，贵州境内的卫所由18卫发展成为30卫、140余所，大量汉民以军屯、商屯、民屯等方式移民到贵州及西南地区。在国家动用强大政治、军事力量进行干预的情况下，苗疆走廊这一通往西南边疆的通道得到进一步稳固，通道及其沿线地区的经济、文化交流也进一步加强。

但国家力量的控制基本局限在苗疆走廊及其沿线地区，来自“苗蛮”的不稳定因素依旧存在。嘉靖十七年（1538年），明代贵州地区规模最大的一次苗民起义爆发了。这场持续了近13年的乱事促使中央王朝调整了对黔的既有政策。一方面移贵州总兵驻防铜仁，强化对贵州苗疆的军事统治；另一方面在梵净山以东的“生苗”地区修建起“南方长城”。除此之外，中央王朝的另一大举措是加强对苗疆地区的佛教传播。

国家走廊上的敕建寺院

佛教在梵净山地区的流传有一个相当长的历史过程，最早有年代可考的寺庙建于北宋时期。位于梵净山西麓思邛县境内的西岩寺，据《清一统志》载：“在城西五里甲山寨下，宋时古刹。”说明梵净山佛教至少在宋朝时已经正式传入并兴起。元代，梵净山以东也有明确记载的佛教寺庙，如铜仁市境内的铜佛寺。明代《松桃厅志》载，天马寺于洪武六年（1373年）由僧毁墨领建；《思南府志》记载，江口县发现有铜香炉等。这些零星的佛教寺庙说明佛教在梵净山地区一直有持续良好的发展，但梵净山真正开始大规模的佛教寺庙建设则在贵州建省之后，具体来说为万历初年。

僧众在山中寺院准备法事、精心诵经。汉传佛教的出现是汉文化在黔东民族混居地带的重要表现。在梵净山，佛教源流以临济宗和净土宗为主。

据梵净山金顶《院道》摩岩（即刻石）、《剪刀峡》摩岩等记载，万历元年（1573年）至万历二十七年（1599年），贵州巡抚蔡文、都清道曹、抚苗道杨、乌罗司长官杨、印江知县雷学皋都参加了此次梵净山的佛教寺庙建设。此次重建，修复了从山麓直达金顶的寺庙和道路，如天马寺、金顶古茶殿、释迦殿、弥勒殿等，也吸引了大批僧众朝拜隐居。贵州巡抚郭之章在其《黔记》(1608年)中写道，“贵州山以梵净山为第一，可比天台”，足见当时梵净山的地位。

但中央政权在贵州的统治并没有就此安定下来。万历二十八年（1600年），播州（今遵义一代）宣慰使杨应龙举兵反抗，发动了明代最大规模的土司叛乱。明王朝派28万官军分八路征讨进剿，杨应龙残余部队退守梵净山，其间寺庙遭到大肆破坏。在其后重修的碑文《敕赐梵净山重建金顶序》中有如此描述：“既自播乱之后，传闻四方，往来朝觐人稀，非复旧盛。”播州之乱平定后，梵净山地区的苗民依旧未被彻底征服，水硍山苗民趁机起义，直至万历三十四年（1606年）才宣告结束。

万历四十六年（1618年），明王朝在梵净山开始了史无前例的大规模重建活动，并命北京户部郎中李芝彦撰《敕赐梵净山重建金顶序》，序中称梵净山为“古佛道场”，誉之为“天下众名岳之宗”，全文被刻在碑上，立于老金顶悬崖之下的通明殿遗址旁。碑上记载，明神宗降旨重建梵净山金顶，命妙玄为钦命僧，各级官员亲自前往督查，重建了包括天庆寺、承恩寺、弥勒殿等在内的五寺、一洞、六殿。

其中，老金顶古茶殿被敕封为“敕赐圣旨承恩寺”，又称“金顶正殿”，寺内供奉皇帝牌位；释迦殿、九皇殿等分布于正殿左右，世称“脚庵”；扼四方朝山主路的天庆寺、朝天寺、天林寺、天池寺被称为“四大丛林”。此次敕建，使梵净山形成“一大正殿、五大皇庵、六大脚庵”的寺庙群格局，同时敕建的寺庙大都带有“恩”或“天”的字样，给边远苗疆的梵净山寺庙增添了至高无上的皇权威严，也奠定了梵净山与其他四大佛教名山齐名的地位。

佛教的兴盛，吸引了不少遁世之人来梵净山隐居。明末浙江诗人谢国梗抗清失败后，就自号“天台逸人”隐居在梵净山。原为清政府翰林院编修的深持和尚，也弃官退隐在梵净山，一生研究和弘扬佛法，至今这里还流传有许多关于深持和尚的传奇故事。不少文人逸士也以游梵净山为雅，相继登临赋诗，刻石颂功，他们与慕名前来朝拜的香客一起，使得梵净山佛教道场盛极一时。

关于梵净山何以为弥勒道场的说法颇多。《敕赐梵净山重建金顶序》中提到，“旧说者以弥勒、释迦二祖，分管世界，用金刀劈破红云顶，于是一山分为二山”。“二山”金顶上，分别建了弥勒、释迦二殿，一线峡谷之上飞桥相连。从梵净山上的设置来说，一般上了金顶必先拜释迦，在释迦的指引下，再拜弥勒佛，凸显弥勒的至尊。另有一说认为梵净山拥有弥勒佛像、菩萨像和比丘像，为弥勒全部之净土。梵净山自古还有庆祝弥勒诞生、下生的法会。民间遂逐渐将弥勒作为梵净山佛教的最高象征。

苗疆走廊上的弥勒道场，在明清之后的几百年岁月里，几经尊崇，也遭遇被毁的数次劫难。几百年间，随着皇庵的香火鼎盛，周边又建起大大小小的寺院佛堂，善男信女往来不息，山间宛若城市。然而，无论弥勒道场如何沉浮，梵净山的天然“净土”一直保持下来。

梵净山自然保护区是全球唯一的黔金丝猴产地。这种林中精灵对栖息地环境的要求极高，如今野生黔金丝猴仅存约800只，属于极度濒危物种。

摄影 _ 雷孝平

黔
东
南

道

GENUINE
SOUTHEAST
GUIZHOU

黔东南黎平县三龙村，夜晚，大家围在鼓楼内的火塘边唱侗族大歌。摄影 _ 理查德 · 怀特

侗族大歌

『我将用歌声珍藏往昔的灵魂』

道

撰文 袁蓥 摄影 陆宇堃 等

侗族大歌是一种无伴奏、无指挥的多声部合唱，流传于黔东南黎平、从江和榕江南部的侗族聚居区。2009年，侗族大歌入选联合国『人类非物质文化遗产代表作名录』，这一年距离这种侗族民族音乐第一次走出侗寨、以艺术表演形式被聆听、走上世界舞台，已过去了半个多世纪。如今，侗族大歌和鼓楼、花桥并称为『侗族三宝』，成为侗族地区最引人注目的旅游文化名片。

山有木兮木有枝，
心悦君兮君不知。

——《越人歌》

一

2011年，是侗族大歌史上非常普通的一年。那年，北京著名的独立音乐演出地麻雀瓦舍还没有停业。那晚，我第一次在非黔东南本土的地方听侗族大歌。领着这个歌队演出的，是音乐人吴虹飞——摇滚歌手，侗族人。

因为对侗歌共同的兴趣，演出结束后，和来不及卸妆的阿飞聊了半宿。最后只有一句话我记住了，她说，看到侗族大歌的歌词，就会想起《越人歌》。越人，有些侗族学者认为那是他们的祖先；《越人歌》，也有些侗族学者认为，那是侗族大歌的发端。

吴虹飞的这次侗族大歌演出，登上了很多主流媒体的版面；在侗族大歌的家乡，南部侗族的村寨里，也引发了不小的波澜。乡亲们觉得，侗族大歌在“酒吧”里演唱，总是不够体面。

因为，在侗人的心中，侗族大歌最美好的演唱场景，是这样的：寨子隐于大山腹地的小坝子里，一条小河或者小溪穿寨而过，青山掩映下、黑瓦木屋中，耸立着一座鼓楼，那是侗人的生命图腾。鼓楼生着火，和漫天的星光相辉映。家家灶头飘起炊烟，姑娘们挑着扁担从山坡劳动归来，她们满含内心的温婉情感，在彼刻迸发，化作一曲一曲的大歌，在鼓楼的中心绕梁，而后散发在侗乡的夜空里。

侗人们眼里，最真挚感人的侗族大歌，不在舞台上，不在追光灯下，而是在月上柳梢头、人约黄昏后的侗寨里、鼓楼边。

再回溯几年，黔东南黎平县的三龙侗寨来了一个高挑的澳大利亚人，她的中文名字叫英倩蕾。英倩蕾，澳大利亚学者，在三龙侗寨住了数年，目的之一是研究侗族大歌。那个时候，她就在探讨侗族大歌在哪里唱的问题。她认为，在酒吧、舞台、演出中唱的，可称为侗族大歌的“舞台传统”；在鼓楼、村寨里自发唱的，可称为侗族大歌的“村寨传统”。

1955年，学者在湘黔交界地带采集侗族歌谣。 摄影 _ 言茂仁

嘎 吉 哟

（蝉之歌）

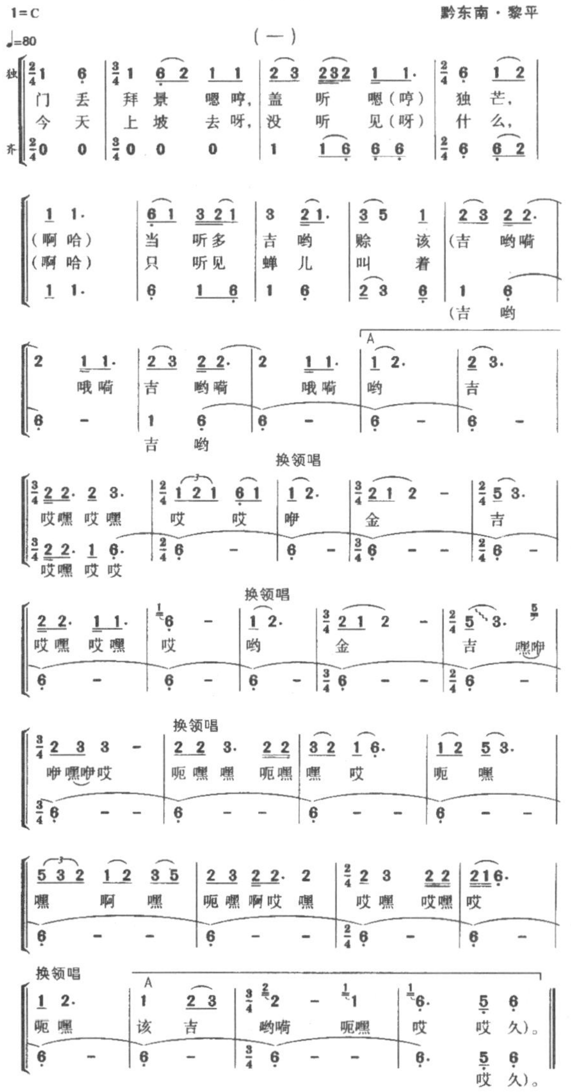

《嘎吉哟》（蝉之歌）歌谱，引用自《侗乡音画》（张中笑编著）。“换领唱”指两个演唱者对换领唱声部。此歌歌词为汉字注音的侗语（婢温、婢令演唱，石树粱、吴邦明译词，钱猗记谱配歌）。

关于侗族大歌的绵绵光阴，就发生在舞台上或者鼓楼旁。

二

1953年冬天，贵州省文联的工作队乘坐破旧的货车，一路向南来到清水江边。货车能抵达的最远处，是清水江畔的锦屏县。从锦屏县乘船过河，再徒步到黎平，又是三天的山路。他们在黎平南部一个侗寨里停了下来。那是风雨激荡的岁月，他们要在这里停留几个月的时间，协助当地进行土地改革。

这个工作队里，有一个年轻人，叫萧家驹。萧家驹，北大毕业生，音乐研究专家，侗族大歌第一个发现者。他对侗族大歌的理论贡献，无出其右。

侗寨的村民们心怀忐忑，不知道怎么招待这些来自省城的年轻人。他们只能在鼓楼边生火，凑点刚收割下来的香禾糯米在蒸桶里酝酿，坡上捡了些香草，就着几粒猪肉碎混杂的辣椒蘸水作菜。侗人略感饭菜寒酸，又从树皮里找出了十几条虫子，爆炒一下。所有这些，组成了土改队的欢迎晚宴。也就在那晚，萧家驹第一次听到侗族大歌。

侗寨的冬天，异常阴冷。晚饭后，大家聚在鼓楼里烤火。那个时候，寨子里几乎没有会说普通话的人，村里的老师手忙脚乱地做起了翻译工作。寨子无所有，相望两尴尬。村民和工作组双方实在不知道聊什么，聚集在鼓楼边的侗族人商量：“不如我们集体唱侗族大歌吧。”黎平侗寨的这一曲侗族大歌，拨云见月，清澈嘹亮。萧家驹先生几年后写《侗族大歌·序言》时，想来肯定还能记得那晚侗寨鼓楼里萦绕的歌声。

工作队需要在这里停留一段时间。他们发现，那一晚侗歌在鼓楼里被唱响的同时，寨子的年轻男女，正在村中一栋神秘的房子里行歌坐月。行歌坐月，侗族人传统的恋爱方式。侗歌“村寨传统”的根基，全在这栋行歌坐月的房子里。村里年纪相仿的男女组成歌队，在求偶年龄到来的时候，聚集在这栋房子里，唱起侗族人一代代传承下来的歌谣，以歌传情。

侗寨那一曲侗族大歌，是萧家驹先生研究侗族大歌的开始。持续数年的考察和研究后，萧家驹主持修著的第一本侗族大歌乐谱集——《侗族大歌》终于面世。藏在山间的大歌，终于被外界知晓。在萧家驹先生听到侗族大歌之前，大歌的唱和，多是村寨里你侬我侬的爱情；在萧家驹先生听到侗族大歌之后，大歌的唱和，才有舞台的追影。

1959年，三龙侗寨的吴品仙小姑娘，豆蔻年华十三四。那一年春天，黎平歌舞团郑重其事地留下了一张合照。拍完这张照片，歌舞团里的这位小姑娘将代表黎平乃至侗族，远赴北京。她显然是侗寨里最荣耀的“北漂”之一。那一年，她肩负“侗族大歌歌手代表”的名号，北上首都，入职中央民族歌舞团。

在北京那几年，吴品仙完成了那个年代最让人艳羡的镀金——在首都，为毛主席演出。在人民大会堂，吴品仙参与了那场令她毕生难忘的演出——音乐舞蹈史诗《东方红》。她手里拿着的扇子，是用扇子搭出的一轮红太阳的组成部分。吴品仙胆怯地透过扇子的缝隙，看到了坐在第六排正中央的毛主席。

但是对于“侗族大歌歌手”吴品仙来说，她在舞台上唱响大歌的使命并没有完成。在由全国各个民族表演者代表组成的歌舞团里，没有人关心侗族大歌。表演者们轮番穿上不同民族的服装，跳起不同民族的舞蹈，跟随歌舞团南来北往，在全国各地的舞台上，表演属于那个年代的样板歌舞。

舞台表演完，落幕卸妆后，这位侗族优秀的歌手终于可以唱起一首妈妈教的、思念故乡的歌谣，潸然泪下。

少小离家，25岁回，吴品仙已是侗寨里的超高龄“剩女”。儿时的歌伴，早已为人父母。行歌坐月的歌堂，也没有了她的位置。再也没有月下歌堂里的幽怨婉转，藏好那皱巴巴的歌本，三龙最优秀的歌手，不情不愿地嫁给了她的远房表哥。

三

将侗族大歌的“舞台传统”带出中国、走向海外的第一人，是谢景兰。谢景兰，贵州出生，法籍华人。虽然她早已是名气不小的艺术家，但始终活在“著名画家赵无极妻子”的阴影下。1957年，她说她“不再做赵无极的缪斯”，决然离婚。

20世纪80年代的谢景兰已经改名拉兰。在绘画、音乐和舞蹈等领域均已有不小成就的拉兰对贵州的本土文化产生了浓厚的兴趣，频频回国，并两次带时任巴黎秋季艺术节顾问的伊居先生赴黔考察。

巴黎秋季艺术节有为非西方国家举办大型专场的传统。那时的艺术节组委会正在发愁，他们应该在1986年的中国艺术专场上向欧洲人展示什么样的节目？在拉兰的帮助下，伊居先生最后将整个成都茶馆连同竹凳子一并搬到了巴黎法国国家博物馆，侗族大歌也同安顺屯堡地戏、昆曲等一起，出现在世界舞台上。

2011年，黔东南三龙村，侗族大歌节。
摄影 _ 理查德 · 怀特

歌师潘萨银花在教孩子们唱歌。

摄影 _ 赖鑫琳

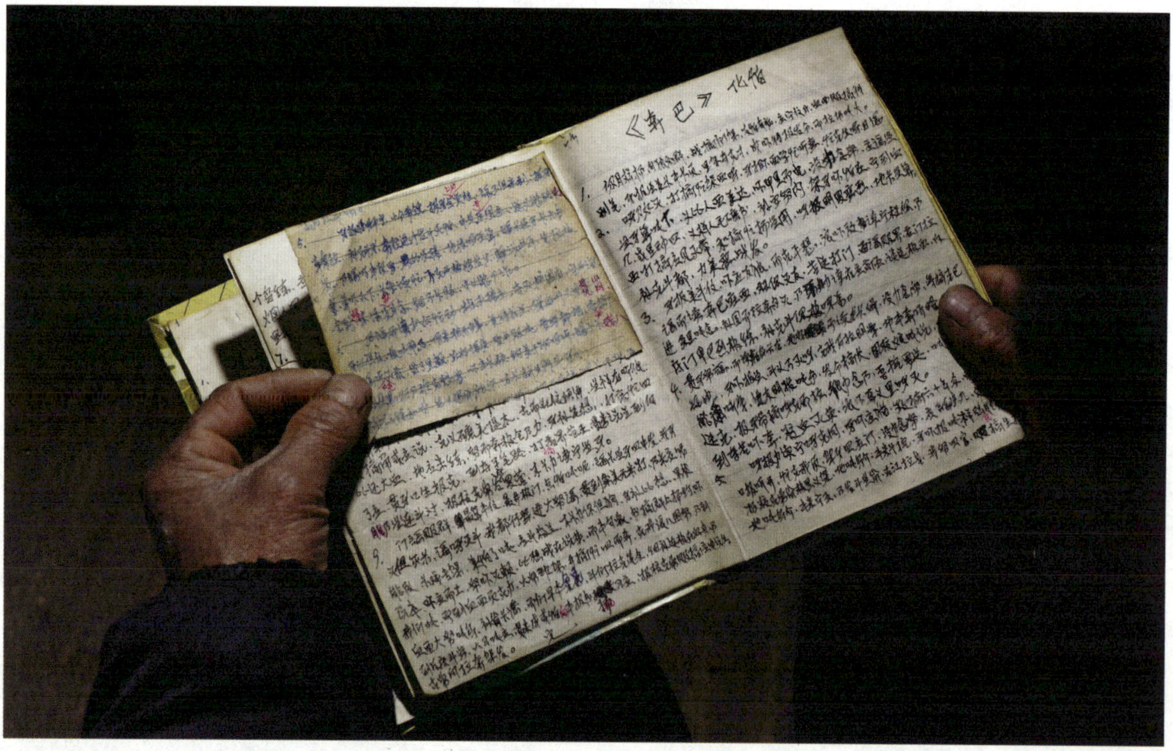

记录侗歌的歌本。侗族没有文字，记录侗歌内容时多用汉字写侗音，除了记录者本人，其他人很难准确看懂记录的内容。

摄影 _ 李立洪

法国国家博物馆舞台特意留了一个窗口，远处的埃菲尔铁塔变成了舞台布景的一部分。这并不是巴黎最好的秋天，十二天前，炸弹袭击了巴黎雷恩街的一个商店，7人身亡，55人受伤。来自黔东南黎平县文工队的几个侗族姑娘，草草游览了巴黎的城市景致，就开始准备属于她们的舞台演出。背景里的埃菲尔铁塔，像是侗寨里的鼓楼，侗族亮布盛装在金秋的余晖下闪亮，银饰碰撞的叮当声响，也变成侗族大歌悠长和音的完美伴奏。恐怖袭击之后的巴黎，人心惶惶，但这个成都茶馆布置的小剧场，还是挤了一两百人。仿佛疗伤一般，法国人静静地聆听来自遥远中国西南山地的歌谣，一曲罢了，报以掌声。

法国《世界报》用半版篇幅报道了这场演出。墙外开花墙内香，从此，侗族大歌不再只是政治宣传舞台上的余兴节目，华丽转身，成了一种体面的艺术。

若干年后，新一代侗族歌手带着曾经萦绕于埃菲尔铁塔的侗族大歌，遍访欧洲各大城市。但侗族人最念念不忘的，依然是1986年秋天巴黎的满屋繁花以及淡淡的忧伤。

唱响巴黎的那批歌手，回到了故乡黎平。挨着黎平的从江，有一个小黄侗寨，地处从江和黎平接壤的高增坡下，其貌不扬，在1986年，是山贼都没兴趣造次的不毛之地。但在旅游时代，这个寨子在旅行者眼中，几乎等同于侗族大歌。

10月底，正是香禾糯熟透的日子。她们将金黄色的稻穗手工抽出，扎成一捆，挂在寨子外的禾晾架上。这一挂挂的稻穗，既是滋养小黄人的口粮，又是红白喜事的压箱礼物。挑选出来最饱满和诱人的那几十挂，将会用于腊月里小黄一年一度的集体婚礼。

集体婚礼的新娘们，是小黄其中一支歌队里几乎所有的歌手。她们五六岁开始一起唱歌，十一二岁成为鼓楼歌堂里最引人注目的的主角，十八九岁的那个腊月，总角之好，不求同日生，但求同日嫁。在侗人繁衍生息的悠长年岁里，腊月的这场婚礼不只是执子之手、与子成悦。因为已婚的女子按传统不适合再进入歌堂，所以这场婚礼也意味着一场和歌堂的告别。

幸运的是，作为歌手，她们只是沉寂几年。随着孩子出生、成长，侗族人开始将延续血脉和传统的希望寄托给下一代。母亲的名字越来越少被提起，寨子上的人提起孩子的母亲，都是用“乃”加上孩子的名字，意思是——某某孩子的妈妈。母亲天然地成为孩子的第一个歌师，教他们唱《筑塘歌》：

娃娃筑塘堵水，堤坝天天垮；
大人拦田筑梗，日日种庄稼。
水渠架过大田坝，
竹竿接水，小河满阡陌。

那些同年出生的同性孩子，又组成了寨子里同年龄层的歌队。孩子的母亲，那些共同走过青葱岁月的歌手们，以教孩子唱歌的名义，再次同声唱起那些伴随她们一路走来的侗族大歌。

再过几年，普通母亲掌握的侗歌，就不足以让孩子驰骋鼓楼歌堂了，孩子们被交付给村里的资深歌师。歌师端坐中堂，不怒自威。孩子们从歌师那儿学到的歌曲的多寡，唱得动人不动人，很大程度上决定了往后在以求偶为目的的歌会里选择心仪对象的主动权。

萨银花——小黄侗寨最知名的歌师之一，她的名字并不叫银花，银花是她的孙女，侗族人的称呼首字带“萨”，意味着她是奶奶辈的人物。她指着自己的房子说，这是最先搬到小黄的祖先留下来的。

歌师教歌，教孩子们如何在侗族大歌中表达婉转又热烈的爱情、如何对歌堂里借歌传情的男子欲拒还迎。歌师的眼里，这些孩子终将会像她们的母亲一样在歌堂幸得一男子，在某个冬日走入婚礼殿堂。

《木叶情歌》唱道：

我们一起去放牛，踏过溪水中央的石头，
涟漪尚未消退。
我们一起去放牛，并坐山间翠绿的芳草，
绿地还有印迹。
我们一起去放牛，你侬我侬款款牵汝手，
手心还留温暖。
如今独自去放牛，往日山径不见郎来走，
只留相思在心头。

农闲月半时，小伙子组成的歌队和女孩子组成的歌队终于在鼓楼相聚。歌声响起，那是女孩们爱情故事的开始。小伙子手握琵琶，愉快唱和；女孩们假装低头羞涩，内心不停地斟酌着用哪一首曲目应和小伙子的歌中情意。女孩的母亲偷偷藏在鼓楼外，竖起耳朵细听，生怕错过女儿的每一句歌声。

在南部侗族的一山更一山里，鼓楼的烟火永远都是最晚熄灭。一代又一代的侗族人，他们对爱情最高的寄托，就是这一场场以侗族大歌为载体的集体约会。他们会在歌堂找到他们的意中人。

四

肇兴侗寨，南部侗族最大的侗寨，肇兴河贯穿寨子，五座鼓楼挺拔矗立。这里是最先迎来旅游时代的侗族寨子，《中国国家地理》称它是中国最美的乡村古镇之一。20世纪90年代，漂洋过海的外国人就已经找到这里，倾听这个寨子的侗族大歌。

2008年，普通的一天，寨子里来了一个高大健硕的光头比利时人，他的名字叫尚·马龙，是世界著名的钢琴家。当地旅游部门为他安排了最好的侗族大歌演出。

侗族大歌的种类不少，但是最受旅行者喜欢的，是被称为“声音歌”的侗族大歌。歌者模仿自然界虫叫鸟鸣，高低结合，清脆绵长。对于传统意义上的大歌来说，声音歌是炫技演出，但这种炫技，又几乎是一场舞台侗族大歌演出的全部。尚·马龙似乎没有深究大歌传统的兴趣，这场招待式的演出却让他找到了现代音乐和民族音乐结合的切入点。三年之后，他发表了一张现代乐器和侗族大歌结合的音乐专辑——《侗融》。专辑里有一首叫《黎平》的歌，侗族歌手极尽声音歌炫技之能事，听众如痴如醉时歌声戛然而止，钢琴响起，现代乐器和侗族大歌融合呼应，水乳交融。

这场民乐和现代音乐的合作是尚·马龙最得意的作品之一，他将这个作品带到了舞台上，带到了中国各地，也带到了海外。当年在侗寨舞台上为尚·马龙唱歌的歌手里，最优秀的几位成为尚·马龙的“御用歌手”，陆秀花就是其中的一个。

陆秀花，肇兴侗寨里的80后。作为旅行者最先纷至沓来的侗寨，肇兴洞寨传统的歌队早已经瓦解，传统的歌堂传歌模式也悄然改变。陆秀花是从学校、文化站学侗歌的第一代。从这一代起，这个山寨里久经歌堂考验、艰涩大歌信手拈来的老资格歌师慢慢失去了应有的地位。学校老师教给

榕江县宰荡村。这是一个藏在民居里教侗歌的“秘密教室”，由村里热爱侗歌的青年们自发组织，学生多为村里的中年男女，每晚大家到老师家学习侗歌、侗语。课堂制定了严格的考勤制度，使用的侗歌教材是自印的，课桌椅和黑板是村小学淘汰下来的。

肇兴侗寨街头，屏幕上正在播放侗族大歌节的影像，人们纷纷驻足观看。这种录制了各种大歌节、大歌比赛和民俗表演的自制光盘，在市场上很受欢迎，无意中成为侗族大歌记录和传播的一种特殊形式。

黎平黄岗村小学，老师正在教学生们唱侗族大歌。为传承、保护侗族大歌，各地推动“侗族大歌进课堂”。学校里设立了侗歌课，会邀请民间歌师来教学。

年轻歌手们的，是流传最广的声音歌以及舞台上和观众互动的技巧，必要时，还要学习配合大歌节奏跳起的简单舞步——在传统的大歌歌堂里，是绝对不会跳舞的。老师们小心揣测着观众的喜好，指导表演者们完成一场体面的演出。观众想当然地认为，他们千山万水来到侗族大歌的故乡，听到的是最纯粹的天籁之音。

原始的侗族大歌，在肇兴侗寨早已开始冰裂。歌堂被各色游客占领，越来越发达的交通和社交方式，也让肇兴侗寨80后弃歌堂如草芥。观众在侗寨观看的，是将那场在巴黎埃菲尔铁塔映照下的演出几乎原样复制的侗族大歌舞台表演。

肇兴的山坡上，有一个失落的坟冢，那是陆大用墓。陆大用，清朝人，侗族大歌最早的创作者之一。陆秀花那一代人让侗族大歌焕发了新的生机，不仅获得游客的交口称赞，也为寨子带来了可观的经济回报。这时，肇兴人才想起村里还有个压箱宝物——陆大用。坟头荒草高，肇兴人重新拾掇干净，告诉旅行者，这里有威震侗区的最资深最传统的侗族大歌创作人。

在有侗族大歌传统的所有侗寨，都在流传“嘎大用”。“嘎大用”，意思是“这是一首陆大用写的歌”。“嘎”是侗语“歌”的意思。在侗族大歌的世界里，对一个歌师至高无上的尊重和敬仰，就是让每一代歌唱者知道，这是他创作的歌。

时光回溯二百多年，在没有文字的侗族社区里，侗歌还承担了口口相传族人历史的功能。在陆大用看来，乡亲们每晚唱的这些蕴含深意的侗族古歌，都有些沉闷、缺乏新意。他开始尝试按照侗歌的音律，去创作一些符合时代意义的新歌。新歌首先要有更朗朗上口的旋律，歌词内容又要与时代的精神内涵相联系，作为这个寨子的寨老，他希望歌词最好带点教化意义，激励族人勤奋和进步。

不种田地，怎么把命养活？
不唱侗歌，日子怎么能过？
饭养身呀，歌养心咯。
劳动别要丢，也不忘唱大歌。

——侗族山歌

陆大用相信自己的歌能让更多的人接受，他走乡串寨，宣传自己的侗歌。他想与村寨里的妇女做朋友，于是创作了帮助妇女教育孩子的育儿歌；他想与孩子们交朋友，于是创作了教育儿童要尊重长辈、尊敬父母的爱老歌；他还想成为劳动人民的朋友，于是创作了鼓励大家辛勤劳动的劳动之歌。长此以往，陆大用成了那个时代最多产的侗族音乐人之一。

二百年之后，陆大用似乎败给了岁月，他生活过的寨子热闹非凡、歌声悠扬，但似乎再也听不到他的歌；陆大用似乎也没有败给岁月，他的坟冢重见天日，在黎平和从江交界的四寨河一带几十个寨子里，凡有重大的节日或者寨子间集体互访，“嘎大用”总是会适时响起，不绝如缕。

五

25岁回村的“剩女”吴品仙，转眼已经是奶奶了。年幼时去北京，这个异常优秀的歌者，错过了在最好年纪里花前月下如诗般的爱恋唱游。但歌者不会消逝，她拽着厚厚的歌本，记录下一首首古老的歌谣；一批又一批的三龙人，在她的歌堂里完成了化茧成蝶的蜕变。她还是拥有海外弟子的歌师，那个来自澳洲的学者，正是她座下弟子；金发碧眼的英倩蕾穿着侗衣，心甘情愿做她的和声。

2003年，60岁，吴品仙的京片儿还没完全退化。她拿出压在箱底的新侗衣穿戴整齐，一如四十四年前，又一次告别黎平，前往北京。这次，不用跳样板舞，侗族大歌的歌者终于在这个舞台上得到了承认。国家以高规格的仪式，正式将勋章授予她——国家级非物质文化遗产传承人，侗族大歌，吴品仙。一个为侗歌而生的歌者，终于得到了本该属于她的荣誉。

和吴品仙同享这一荣誉的，还有榕江宰荡侗寨的胡官美。

侗族是一个热爱唱歌的民族，但侗族大歌不是全侗族人共有的歌唱类别。在胡官美嫁来宰荡侗寨之前，这里并不是侗族大歌的歌窝。几十年来，民乐研究者跑遍整个侗族地区，发现一直延续侗族大歌传统的，是黔东南黎平、从江和榕江交界区域，南江河、洛香河和四寨河流过的侗寨。宰荡侗寨，并不在这个区域内。

胡官美离开从江侗寨里的歌队玩伴，只身嫁到榕江宰荡。大女儿珍珠来到这个世界后，胡官美变成了乃珍珠。她将藏在心里的歌唱欲望都倾注在这个女孩身上。星汉灿烂，天黑后，宰荡鼓楼的烟火也开始熄灭，虫叫鸟鸣衬托着这个山寨的寂寥，乃珍珠轻轻吟唱着侗歌，哄女儿睡觉。

珍珠和她的弟弟、妹妹就这样在母亲的歌声中浸淫长大。珍珠没有辜负母亲的期盼，歌声清脆而悠扬，是天生的侗族大歌歌者，人们都称她为侗歌“百灵鸟”。母亲是这个寨子最知名的歌师，珍珠和她的小伙伴们，组成了这个寨子第一代歌班，宰荡侗寨逐渐成为榕江的“侗族大歌之乡”。

珍珠和妹妹秀梅，这对侗族大歌的“百灵鸟”，很快被大家所熟知。和她们的前辈歌者吴品仙一样，当地文化部门决定送她们去北京。珍珠姊妹来到北京，这次，站上的是中央电视台青年歌手大赛的舞台。

2006年，经过精挑细选的几位黔东南最优秀的歌手，在这个舞台展示了侗族大歌的魅力。《蝉之歌》是侗族大歌声音歌的集大成者，春蝉的叫声经歌手之口，以歌的形式获得最逼真的表现。珍珠领衔的高音域，天人合一，春风化雨，直击人心。这是近年来侗族大歌在舞台上最淋漓尽致的展现。

静静地，
你们听我唱首蝉之歌。
春蝉在鸣叫，秋天不见了。
我们学春蝉，歌声永不消。

侗族大歌又一次得到认可。这个歌队，拿到了2006年青歌赛原生态唱法组的银奖。

珍珠姊妹载誉回到故乡。那年6月，稻田青未了。乃珍珠抱着孙女，又在唱侗歌哄她入睡，如二十多年前哄珍珠一样。这场侗族大歌演出，彻底改变了珍珠姊妹的命运。榕江县特批珍珠姊妹正式成为有编制的人民教师。教育部门积极推进“侗族大歌进课堂”，珍珠姊妹开始在教室里教侗族大歌。

六

2015年，是黄岗侗寨集体婚礼最多的年份之一。那些以侗族大歌歌班为基础的姑娘，

胡官美的女儿杨秀珠和孙女杨明慧。胡官美一
代都是唱侗歌的好手，被称为“侗歌之家”。

集体回归。黄岗侗寨，和小黄侗寨一山之隔，两县分治，是目前不多的依然维持着传统侗族社区生活的侗寨。这些相对封闭的寨子，仍勉力维持着侗族大歌对整个社区生活的影响。

热爱着侗族大歌的学者，内心充满了忧虑。

“从歌声中我感觉到今天的人心和十年前相比有所浮动。海水已经不是那么蓝得透明。我心里总有担忧。”（《侗歌与侗家》）李文珍，一个持续关注小黄侗寨十年的学者二十年前如是说。

20世纪90年代开始，有旅行者来到侗寨，倾听侗族大歌。巴黎演出的套路、中央电视台演出的模式，随着旅行者的到来，几乎原封不动地被搬回侗寨。舞台传统的侗族大歌演绎方式，抑扬顿挫，高山流水，显然更受旅行者的青睐。四十五分钟的演出结束，歌手脱下盛装侗衣，忙活着蒸一锅糯米饭，摆上侗家特色腌稻花鱼，在自家开的农家乐里，举起酒杯，再给旅行者唱一首敬酒歌。对于行色匆匆的旅行者来说，这当然也算是完美的侗族大歌饕餮盛宴。

旧时，侗族农人依靠侗族大歌维系侗寨的婚恋生活、寨子间的联谊，处理人际关系和纠纷。现在，工业化、现代化带来的冲击可谓风卷残云、所向披靡，维持侗歌传统的根基土崩瓦解。怀念透明海水的学者，他的担忧也不是毫无道理。

可是，又有谁会怀念树皮里掏虫子爆炒宴客的萧家驹时代呢？谁又愿意放下微信里的卿卿我我，去鼓楼下唱三天三夜侗歌谈一场死生契阔呢？

教育部门主导的“侗族大歌进课堂”在南部侗族聚居地已经开展了很多年。歌声飘荡在村子里，年迈的歌师听着那些稚嫩的声音，仿佛回到了自己歌唱的黄金时代。歌声里，有成长的记忆，有青葱岁月的爱情，有金兰情谊；母亲听着那些稚嫩的声音，好像自己仍身处歌师的老屋中，一边纺纱，一边看着孩子在唱吟里长大。现实中，孩子放学回家，被旅行者拦下，排着队生涩不齐地唱起《筑塘歌》，换回旅行者的交口称赞和手中的糖果。

侗族大歌并不会凭空消失在侗寨鼓楼烟火熄灭的深夜，它或许已经告别曾经滋养她的土壤，挥手自兹去，变成了震撼旅行者灵魂的侗寨夜曲，变成了远嫁姑娘思念故乡的歌谣，变成了钢琴师飞舞琴符的烘托。

没有人忍心去撕裂那些美好的旧梦，但似乎也无须去阻挡新一代侗人投入时代的怀抱。一个侗族大歌时代的渐行渐远，总是让知晓往昔旧事的人感觉到淡淡的伤感；但，总会又有一个未来，有人祭奠我们目见的当下一切。

侗族大歌不是《广陵散》。高山流水下，总会有一群知音，为之击节。那些稚气歌唱着的孩童，总有人会蜕化成吴品仙、胡官美、珍珠和陆秀花。

那些拥有自己音乐的民族都是幸运的。

“我将珍藏往昔的灵魂，
为了将来的复活。”

从江小黄侗寨，孩子们坐在鼓楼坪上观看侗族大歌表演。摄影＿杨通荣

鼓楼与风雨桥

从这里读懂侗寨

道

撰文 覃妮娜 艾可 摄影 陆宇堃 等

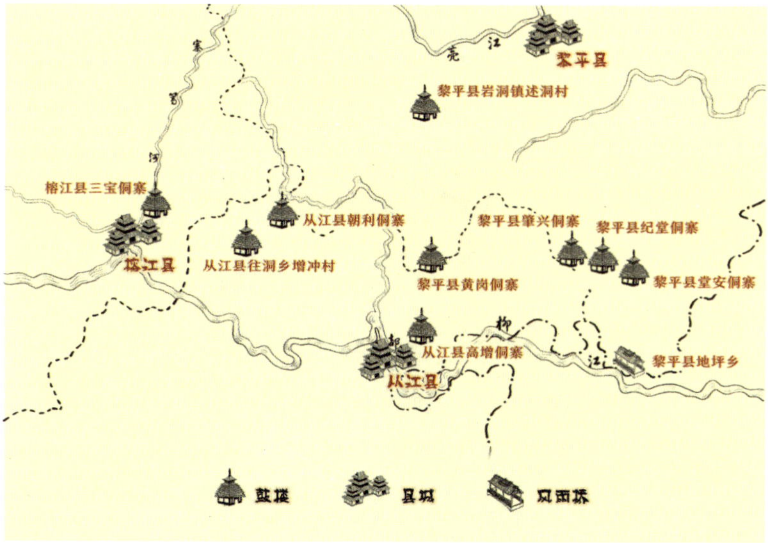

黔东南侗族地区主要鼓楼、风雨桥分布图

制图、图例 _ 谢娟

鼓楼——侗寨的灵魂

肇兴的清晨，一支支身着盛装的芦笙队静静地进了寨，他们是从各个村寨赶来参加肇兴大歌节活动的。他们陆续在寨边停下来，整理好队伍，然后悦耳的芦笙曲就响了起来，大小芦笙管随节奏摆动，大家继续向寨里最大的鼓楼坪前进。

一路跟着芦笙队，在肇兴礼团花桥上，偶遇身着盛装要去唱侗族大歌的陆秀花，随即闲聊起来。

“小时候，像春节，我们这里每个鼓楼都会互相做客……整个鼓楼的人都要去。老人家认为你是一个小姑娘了，十一二岁开始，最基本的你都要会唱，拦路歌、敬酒歌……晚上老人家会教的，因为你去做客要唱敬酒歌，我们这边要懂礼的嘛！”

“鼓楼之间大家相互做客，会暗暗较劲想要唱过对方吗？”

“会啊，反正我们不管，一定要练出最好的成绩。”

“现在唱歌变成你的工作了，又要经常到外地表演，这种活动还一定参加吗？”

“当然，活动是整个鼓楼的事情。鼓楼要你回来，你能不来吗？”

跋涉黔东南山乡侗寨，可以切实感受到鼓楼是侗寨的中心。

百年来村容寨貌变迁，加上行政干预划分，这个“中心”，如今在地理上也许已非绝对，但鼓楼是侗族人精神层面的绝对“中心”，侗族的历史、宗教、娱乐、法律、习俗、社交，都与鼓楼紧密相连。

黔东南一带是侗族的祖居地，一般每个村寨会有一个大族姓，通常一寨一座鼓楼。有些村寨里虽为一个姓氏聚居，但是会以血缘划分为“兜”，修建各自的鼓楼。有的村寨，小姓氏发展为成片的居住区域或具备一定的群体实力后，也会新建鼓楼，因此一个村寨有两三个鼓楼的情况也常见。当一个村寨人口繁衍、规模扩大后，资源、土地不足，则需另辟村寨。当新寨迁入的住户达到一定规模时，便增建鼓楼。

黎平县肇兴侗寨，人们聚在鼓楼里烤火聊天。

黎平县双江乡乜洞侗寨，侗族木匠师傅正在修鼓楼。

“未建寨，先建楼”，侗族村寨的产生、成长、扩张都是围绕着鼓楼展开的。

鼓楼属村寨公有，个人再富裕也不能建私家鼓楼。在侗族人心里，修建鼓楼，是一寨人共同的荣誉，是被异常重视的大事，人人都需集资、出力。

黎平肇兴，位于黔东南侗族聚居区中央，交通便利，可连通附近30个侗寨，历史上曾称“千家肇洞”，现在已有1200多户居民，分为仁、义、礼、智、信五个村团，一村团一鼓楼一花桥。肇兴的商业发展较早，民间财力雄厚，20世纪末，侗寨合力重新修建了规模宏大、壮丽奇巧的五座鼓楼。

为了看鼓楼，十多年前我便到访肇兴。那时候，五个村团间还有很宽的田地，从一个村团到另一个村团需要穿田而过。几座花桥坐落在田野中，分外显眼。如今想要完整地观看这个“世界纪录”，得爬到附近的山上。一望无际的青瓦，已完全遮挡住流过肇兴的三条小河，五座鼓楼高挑出众，鹤立鸡群。

肇兴礼团鼓楼坪前，一排杂色长凳，几个古稀老人，靠着墙，沉浸在阳光里，静静地坐着。旁边一张案台上有一头开了膛的生猪，几个中年男女正忙着整理鸡肉、蔬菜，墙角堆放着很多餐具。看来今天鼓楼要办宴席。

侗寨所处的地方大多为靠山的坡地，平缓的土地都用来种植粮食。寨中民居排列紧凑，很少有空地，道路也是上下曲折，阶梯为多。因此，鼓楼前的鼓楼坪就成了寨里最大的公共空间，侗族人生、丧、婚嫁等人生大事的宴请都在这里举办。这天，是一位老人过世了。

钉入楼柱的承诺

去鼓楼烤火时，会从自家的柴火中拿一把去添；看到鼓楼前地坪脏了，会自觉张罗打扫；谁家的瓜种成熟，会挂在鼓楼柱上，任需要的人取去种；上山采得野茶，到鼓楼里见到邻里都分一把；村里拾得失物，也会放到鼓楼内，供丢失者自取；见到来访的异乡人，亦是十分热情和友善。

侗族人的急公好义、自我约束，与鼓楼讲款的教育是分不开的。款，是侗族人传统的“村规民约”，是村寨之间的“联盟协议”，一个“款”的制定和公布，要获得全体成员的支持。鼓楼，就是制定款和公示款的地方。过去，每逢节庆，人们在鼓楼集会时，寨老便会在祭拜祖宗的仪式过后，宣讲款词，款词讲完之后才能开始娱乐的环节。贵州从江县的增冲鼓楼前，就有一块刻于清康熙十一年（1672年）的款约石板。

按照侗族于鼓楼约款的习俗，至少立约之时已有鼓楼。鼓楼里，有一些不太显眼的标记，例如一根钉入大柱的粗铁钉，其实就是“款”的记号，寓意“不能改变的承诺”。如果有一方要反悔，需要用牙齿把铁钉拔出来，以表示决心。而如果有人违反了款要求的事项，轻则要付出一头牛的代价，重则要被逐出家族村寨。

一千多年来，在不断地复建鼓楼、集众讲款中，侗族文化的核心得以保留。鼓楼凝聚和协调着寨与寨、人与人之间的尊重和自律。

佑寨鼓楼

未曾立寨先立楼，
砌石为坛敬圣母。
鼓楼心脏作枢纽，
富贵光明有根由。

——侗族古歌

站在黎平县述洞鼓楼的中柱下仰头看，密密的横枋，从中间的大柱上向四方发散，檐下层层叠叠的瓦片如叶，枝叶井然有序，真的犹如站在巨树下。有侗族古歌这样唱：很久很久以前，侗族人常聚于大杉树之下，杉树为侗族人遮阳挡雨。后来，人们开始聚居建寨，建寨时首先要种上一棵杉树，接着起鼓楼，然后才修建房屋。

述洞鼓楼是一座“独柱鼓楼”，始建于明崇祯九年（1636年），至今已有三百八十多年的历史，是侗乡中现存有纪年的最古老的鼓楼。尽管具体形态有异，黔东南的侗族鼓楼大体不脱离以杉树原型为基础的外部特征。古老的独柱鼓楼并未在广西和湖南侗乡流行，“树”型鼓楼大部分出现在贵州南部侗乡，那里是我国著名的杉木产地。杉树的生命力顽强，即便是倒下的老杉树根部，也能源源不断地长出新芽，最后甚至由木成林。侗族对杉树有特殊的感情，有的地方称杉树为“神树”或“杉仙”。侗族人希望后人也像杉树一样茁壮成长，希望侗族能如生生不息的杉树一样人丁兴旺。

肇兴义团鼓楼，立于河边桥头，道路从楼中穿过，尽管如此，楼中还是保留了一个火塘。大清早，义团鼓楼里只有一位来闲坐的老人。我们跟老人打个招呼，想同他聊聊这鼓楼，却发现老人只会说侗话。家住鼓楼旁，正在修整工具的杨大哥发现我们的窘境，热心地来帮忙翻译。

杨大哥说，肇兴的五座鼓楼分别属于五个村团，这五个村团基本以居住区域划分。其中，义团的人、户数最多，但是义团鼓

黎平县德顺乡平甫莲花鼓楼内顶。站在鼓楼里抬头看，可直接感受到侗族鼓楼精妙的结构和特殊的美感。

摄影 _ 李贵云

鼓楼的结构特点和艺术特征，与侗寨的文化是紧密结合的。鼓楼的平面有四边形、六边形或八边形，边数都为偶数，象征天地、阴阳、男女等组合。不同鼓楼檐层数目不一，但多为单数，传统文化里单数为“可变之数”，隐含有“生命”之意。

鼓楼的雕塑装饰以龙、鹤、凤凰居多，偶见虎、狮、猴、象、鹿、龟等动物，雕塑立于楼顶或檐角上，或夸张，或写实，不管以什么形式呈现，都寓意着吉祥。鼓楼除了有雕塑装饰之外，还有绘图装饰。绘图的内容十分丰富，既有打猎、种田、斗牛、跳舞、吹芦笙等反映侗族人现实生活的内容，也有讲述侗族历史、传说、神话故事的内容，有的侗寨鼓楼还绘有《梁山伯与祝英台》《三国演义》《西游记》《红楼梦》等汉族文艺作品中的情节。

肇兴侗寨鼓楼飞檐

黎平县永从乡顿洞村鼓楼内顶。摄影 _ 李贵云

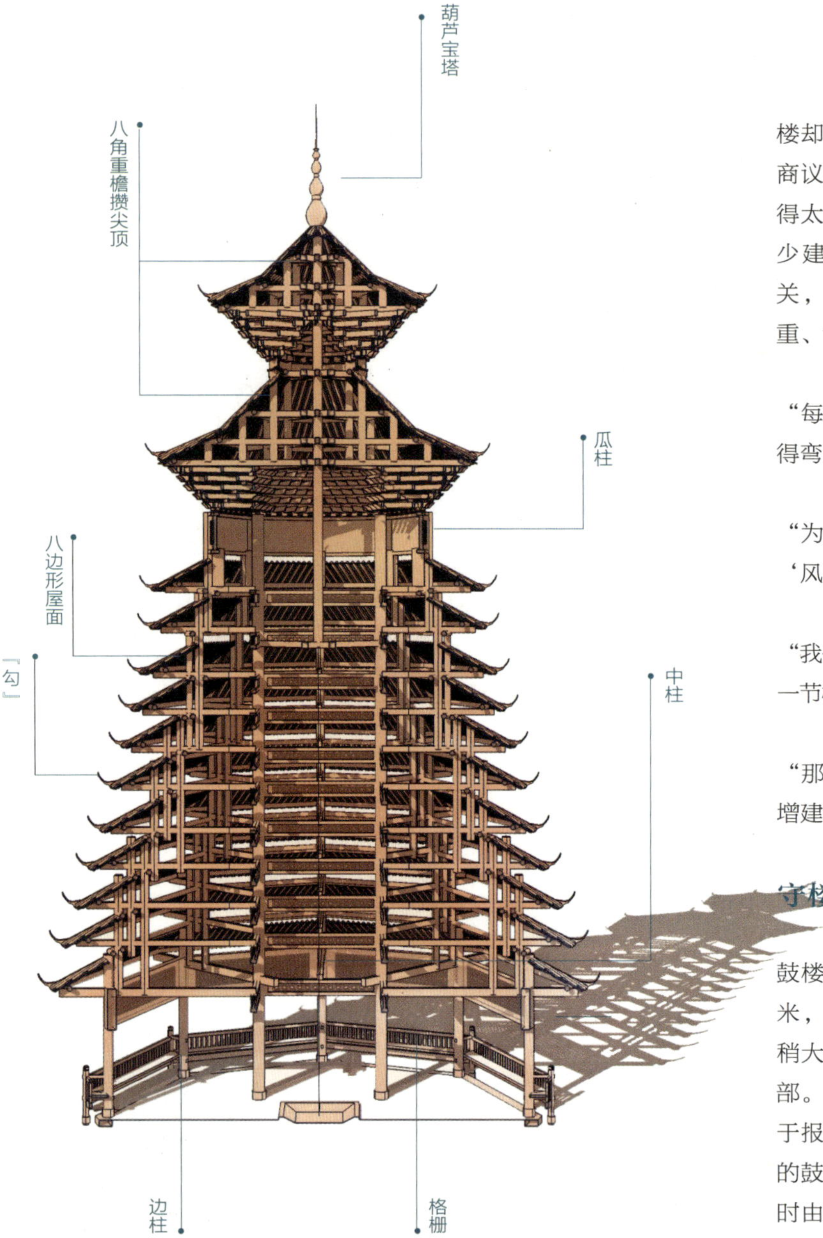

增冲鼓楼剖面图

鼓楼有用一根粗大杉木作主承柱的，也有用四根或六根作主承柱的；檐柱有用十二根的，也有用八根、十四根或十六根的。按檐顶，可分为悬山、歇山和攒尖等；按下层布局，主要有干栏式、厅堂式和阁楼式。广西侗区的鼓楼多为封闭式；湖南侗区的鼓楼多为阁楼式；黔东南地区的鼓楼，一层通常以厅堂式为主，不设隔板，四周道路通达，一览无余。但也有少数鼓楼还保留着极低矮、高度几乎可忽略不计的一层干栏式（俗称吊脚楼）形式，例如黎平县的述洞鼓楼、平架石家鼓楼。

楼却不是最大的。义团建鼓楼时，寨老们商议，尽管财力雄厚，但鼓楼还是不要建得太招摇，要谦逊，就比肇兴最高的鼓楼少建了几层。鼓楼与村寨的兴旺息息相关，选址、构架、动土、选木等都要慎重、讲究。

“每层檐角上像仙鹤嘴的尖角，为何要整得弯弯的如飘带一般？”

“为了不要直接‘冲’到鼓楼周边居民的‘风水’，这可半点马虎不得。”

“我们之前看到有的鼓楼在大柱柱顶嫁接了一节柱子，来升高鼓楼，那是怎么回事啊？”

“那表示寨子发展了，有钱了，就会出钱增建几层，鼓楼就更壮观了嘛！”

守楼侗人

鼓楼当然一定是有鼓的。老鼓大多长约一米，直径约50厘米，两面蒙牛皮，腰部稍大，或架置于鼓楼内，或高悬于鼓楼上部。这样规格的鼓在古代称为大堂鼓，用于报时、祭祀、仪仗或军事。侗族鼓楼里的鼓，在节日、集众商讨大事或发布消息时由专人敲打，其他人不得击鼓传讯。黔东南侗族聚集区为丘陵地带，视野受限，鼓置于高处，敲打起来可以传得远听得清，可以用不同的声音传递不同的信息。

传说从前有一伙强盗进犯侗寨，杀害了侗族姑娘良美的恋人曼林和其他青年。良美悲痛欲绝，决心复仇。不久，强盗们又来抢劫，藏在木楼上的良美擂打事先备好的染缸，躲在附近的寨里人拿出武器，击退了敌人。后来，寨子商议，就此建楼置鼓，有事时就击鼓报警，木楼由此被称作“鼓楼”。

如今，尽管有悬鼓，鼓声已经几乎不会在侗寨响起，大多数鼓楼的鼓毁坏后也没有再补设，但有的鼓楼里，还保留有为敲鼓而设的“蜈蚣梯”。木梯设于堂鼓下方，敲鼓人被称为“鼓楼公”或是“传士”。过去，鼓楼公专职看护鼓楼，兼负责清洁打扫，保持鼓楼内火塘常年有火。另外，侗人还会将草鞋悬挂于鼓楼柱子上，供来往行人取用。负责看护鼓楼的人，需兼做备水和补充草鞋、烟叶的工作，他们的日常用度皆由全寨人负担。这些工作，有明确的管理制度，以及很明显的驿站、里亭特征。

侗寨的新房越建越高，鼓楼也越来越高，鼓楼从“治安管理员”逐渐变为村寨的“形象大使”。

夜幕降临，人群渐渐散去，中年男子们静静地坐在火塘边抽烟，年轻人则在鼓楼坪上喝酒谈天。 平日，除到访的游客，侗乡鼓楼里聚集的主要还是老人。留寨务农的中年人，也会在工作结束之后，到鼓楼里坐坐，抽根烟，聊聊生活，交换信息。尽管有各种更快、更便捷的交流方式，但对于他们来说，每天来鼓楼转转，和老邻居、老朋友在这里见见面，才安心，才知道彼此身体是否健康、心情好坏。留守侗乡的侗族人，就像庇护他们的鼓楼，健在，逝去，新生。

风雨桥——侗寨的日常

相比蜚声中外、富丽堂皇的名桥， 更喜欢乡间田野里三四柱的小型风雨桥。她们多半远离村寨和道路，未成为改建对象，保留了古色古香的模样。

坐在风雨桥上，和偶遇的农人微笑点头，聊几句家常，请教下农谚，问个远近。左边大树，右边青禾，桥下流水，长路未尽，难得闲时，等风来。

侗族人是一个十分注重公共事务的群体，每种公共事务在哪进行、如何进行，都有严格的规定：寨内设议事的地方——鼓楼，不得嬉闹喧哗；祭祀的地方——萨坛，非祭日不得入；迎客对歌的地方——风雨桥，不能在桥上生火；打水洗菜的地方——井亭，不能谈恋爱。

鼓楼作为侗寨最严肃庄重的地方，就像家中的客厅，是家庭团聚、家长训话或接待客人的地方，要求言行举止端庄有礼，不能喧哗吵闹。风雨桥，则像大门，是村寨迎客的起点和送客的终点，另外，也是侗族人，特别是年轻人日常交际之地。

风雨桥又被称作花桥。在西南少数民族地区，常常会听到一些关于“花”的词语，如苗族的“花场”“花坡”，瑶族的“花楼”，壮族的“花婆”，“花”的实际意义与花或美丽并无直接关系。这些被冠以“花”名的地方，都是年轻人开展社会交往的场合，“花婆”则是主管生育的女神。

侗寨间有集体的村寨互访做客活动，称作“月也”。“月也”时，寨民会先集体在鼓楼坪活动、吃饭，然后两寨的年轻人可以几个人结伴到“地主寨”的女孩家“坐夜”，女孩也会组织要好的几个姐妹，准备些吃的东西，一起接待。大家聊天唱歌，通宵达旦。但“月也”这样的拜访活动接待成本较高，每个寨一年一般也就接待一两次。平日里，年轻人之间需要寻找交往机会时，花桥就是到别寨“走姑娘”的首选场地。

不需要邀约，青年男子带着牛腿琴，来到

修复后的地坪风雨桥。2004年，地坪风雨桥被洪水冲垮，周边侗乡人纷纷自发组织起来参与重建工作。

摄影 _ 李贵云

黔东南的风雨桥中，知名度最高的大概要数黎平县的地坪风雨桥了。地坪风雨桥始建于1882年，位于都柳江北侧的南江河上，是贵州和广西交界的交通要道。

第一眼看见地坪风雨桥，就被她原始壮美与婉约恬静并存的独特气质所打动，特殊的地理位置增加了她的美感。她飞架在碧绿清澈的南江河上，与两岸婆娑的凤尾竹、层叠的黑瓦相映成趣，细雨朦胧，在她美丽的倒影上打出涟漪。

地坪风雨桥是地坪人心中荣誉的象征。2004年，南江河遇暴雨洪峰，水位达到罕见的高度，周边的村民都聚集到河边，心系地坪风雨桥的安危。这座木桥最终被洪水卷走，面对自然的力量，人们束手无策。一位在场的老人说："桥垮的时候，我的眼泪流下来，父亲去世时我都没有那样难过！"

几天后，看到消息："洪水稍退，地坪和周边侗乡的人即刻自发地组织起来，沿河寻找老桥的残骸。"这是一场声势浩大的"寻亲"，整个都柳江流域都为之撼动。一个月的时间，老桥全部的大构件被找回。很快，地坪风雨桥又回到了南江河上，这把老骨头，比之前更健硕。

风雨桥上，女子们也带着针线到来。他们分坐桥廊两边的长凳，然后，男子弹琴唱歌，女子做针线。若是不来电，互不搭理，自由来去；若是有意，就会你唱我和，情投意合的话日后就可以结伴进寨到女孩家里“坐夜”。

风调雨顺

侗寨常建在山麓、河边，风雨桥便建在寨前的河上。河既是生活生产的需要，也是侗寨安全保障的天险。风雨桥的选址有讲究，要选择河道地质、水势、宽度都合宜的地点。

我国东南、西南广大区域，都分布有风雨桥这种形式的桥梁，可以考证的大多起源于宋朝。这些地区雨季长、气候潮湿，在桥上增盖桥亭或檐瓦，在桥侧安装护板，都是为了保护桥身不受风雨侵蚀，延长桥的使用寿命。黔东南的侗乡，处于内陆山区深处，狂风少、湿度大，所以更注重通风散气、保持干燥，这里的风雨桥，保留了桥亭和檐瓦，而没有使用侧面的护板。黎平地坪、四寨、岑旭的风雨桥，在桥栏的外面安装了一层檐，以达到保护桥基的作用。

过桥的时候，抬头看桥亭的大梁，通常会看到用毛笔写着桥落成的时间。有一次，我们看见桥头亭子大梁上绑了一堆细碎的东西，细看是一枝谷穗、一块红布、两根细柴、一枚钱币，吃穿住行都在里面了。

同行的摄影师李贵云老师说：“在侗乡，每座风雨桥落成时，要举办踩桥仪式。仪式上，这几样东西要绑到风雨桥桥亭的顶梁上，以祈求风调雨顺、五谷丰登。你看桥头的土坎那儿，也有一个小神位，敬着土地之类的神仙。这点和广西的风雨桥不一样，广西的风雨桥把神位供在桥上，黔东南侗族的风雨桥神位都在桥头。”

靠天吃饭的农耕民族，时时期望老天的眷顾。有险可守，安民，自是镇邪；桥通百年，不毁，自是聚财。对于普通百姓来说，安居乐业就是道理，故风雨桥也成了具有镇邪和聚财功能的风水桥。

桥市棋局

有桥，意味着曾经有路。

由于各地公路改道和村寨路面改造，原本通往风雨桥的石板路被一段段抹掉。如今，不少乡间的风雨桥落寞地独立于田野或山谷中，鲜有人迹，看起来与道路的关系已分道扬镳。而旅游区内的风雨桥，则客似过江之鲫，往来不息，桥上守候的侗人，不再是“桥公”，而多是售卖侗布、刺绣等手工制品或土特产的阿婆。桥上已成“市”，“市”上的人一派怡然自得。客人走到摊位前，阿婆低声客气招揽，客人离去，阿婆也不纠缠。和游人聊聊新奇之事，和故友扯扯家长里短，似乎对生意成交与否并不大关心。

风雨桥的木板长凳上，都有一个相同的图案——三三棋，深深刻在古老的被摩挲得油光水滑的木板上。这是一种正方形的棋谱，中间以“米”字连线，棋子因陋就简，最常见的就是蚕豆大的小石子。一些穿着黑灰蓝布衣服、戴着帽子的老人，或蹲或坐在长凳上，树根般的手指上夹着香烟，专心斗着棋局。围观者也点着烟，心不在焉地观战。不知何时，下棋者走了，风雨桥上的残局还在。

黎平双江四寨村。群山环绕之下，鼓楼立于寨中，被鳞次栉比、错落有致的侗家吊脚楼所环绕，古朴的花街穿梭于寨内。禾仓排列村边，风雨桥建于河上，河边水车吱吱嘎嘎，昼夜不停，一派生机盎然。这是典型的与自然和谐相融的侗寨的模样。

僅家
后羿的后裔

道

撰文 艾可 插画 冯子熠

在流经黔东南的清水江支流重安江两岸的大山深处，聚居着一群尚武之人，被称为“僅家”。麻塘僅家风情寨寨门的门柱上有一副对联——“头戴射日红缨帽羿人风采显神威，身穿铠甲蜡染衣僅家影子展豪情”，描画的就是僅家人盛装似戎装的特点。

身着盛装的僅家女子看上去像射日的战士。服饰以朱红色为主色调，刺绣衣裙外面，罩着宛若铠甲的披肩。胸前的银项圈上，有的缀着挂刀、枪、箭、戟等兵器的微型仿品。头上戴着形似头盔的红缨帽，也称太阳帽，帽顶呈红色圆形，帽檐缀红丝线，象征放射光芒的太阳；帽心插弓箭状银簪，寓意射日，威风凛凛。

僅家人的最奇特之处在于，他们不属于56个民族中的任一民族，僅家人的身份证上，“民族”一栏填写的就是“僅家人”。这个族群现在约有5万人，主要分布在贵州省黔东南州黄平县、凯里市、施秉县、镇远县、关岭县，也有相当数量住在四川。其中，凯里、黄平两地是僅家聚居最为集中的地点。

20世纪五六十年代，国家进行第一次民族识别与划分时就发现，与苗族看似渊源颇深的僅家，在语言和历史溯源两个方面都无法得出确切结论，只能说“可能是苗族的一个支系”，也“可能是一个单一少数民族”。而早在1951年，费孝通先生就曾指出：“革兜（僅家的自称之一）究竟是和苗族还是和仡佬相近，这个问题现在还不宜得出结论，他们自己是坚决不承认是苗族，因为苗族常常欺侮革兜，他们之间也有民族的隔阂。但是他们即使和仡佬同出于僚族，现在语言亦不相通，很多风俗习惯也联系不上，要等到将来研究更深入，这个问题才能得到解决。”

还没等到“将来研究更深入”，20世纪80年代，第二次民族识别与划分开始了。这一次，僅家被“归并”入苗族。然而，费孝通先生提出的问题依然存在——虽然长期与苗、汉等民族共生共融，但从僅家人对自己族群的认知、他们所拥有的完整的族群特点来看，他们不属于苗、汉等任何一个已知民族。所以，作为“过渡办法”，他们被称为“僅家人”。在黔东南，除了“僅家人”，还会听到以“东

黔东南黄平县，盛装的僅家女子。僅家没有文字，除了口头文学，服饰图案艺术亦是其重要的民族文化表达，被称为“无字的史书”。僅家服饰男简女繁，以女子独特、炫目的盛装为主要代表，表现了僅家对太阳的崇拜、尚武精神和对先祖的缅怀之情。

家人”“西家人”“绕家人”等自称的族群，他们同样是56个民族之外的“未定族称人们共同体”。

盛装似武装

无论外界如何定义，僅家人自有叙述族群独特历史文化的特殊方式，比如，穿在身上。

僅家人的族源和迁徙历史扑朔迷离，说法各异，已不可考。但在僅家人族群的共识中，他们认定自己是中国上古时代英雄人物后羿的后裔。

传说很久以前，天空中出现了七个太阳，花草树木都在烈日中枯死，人们无法生活。大家决定选出每个部落里最杰出的弓箭手，把天上的太阳射落，根据每个部落的表现分别奖励太阳帽、篮子和撮箕。结果，在被射落的六个太阳中，有五个是被红箭射落的，即僅家的高手表现最突出。僅家弓箭手卡皋荣获太阳帽，汉族和苗族的高手得到篮子和撮箕。为了纪念僅家祖先射日的功绩，僅家后代便把银子打成弓箭的形状搭配在太阳帽上。

僅家女子身着的似古代戎装的独特服饰就是对僅家祖先战功的记录和纪念。根据塘都寨僅家人所藏《僅家史话》记述：“在远古时代，僅家一员叫阿力的武将率领本族勇士参与轩辕黄帝的军队打仗，一道征战，勇猛顽强，击败敌方，立了战功，名扬军营。黄帝留他在宫中共事，他谢绝并要求率勇士返乡，黄帝挽留无果，遂将一套武将新衣赐赏给他。回到家乡后，男女老少见之非常喜欢，尤其是姑娘特别喜欢这套将服，阿力就将自己的戎装赠给姑娘穿戴。为了纪念这位武将，先民们嘱咐以此仿制，世代相传下来。”

僅家男子的衣服相对简单，蓝底白花，祭祖跳芦笙舞时头上仍会佩戴雉形蜡染顶天帽；旧时还会随身佩带弓箭，但现在已经看不到了。有一种说法：“僅家男人三件宝，一是芦笙二是刀，红弓白箭不离腰。”僅家男子另一个必不可少的装饰品是刺绣“归宗牌”。相传“归宗牌”是革家祖先征战时的护心牌，上有“卐”字图形。在僅家文化中，“卐”字中“十”字寓意弓箭，反映了僅家先民执弓舞剑的历史传统。僅家男子去世时，“归宗牌”会放在他的胸前，为他在归阴途中抵挡刀箭，帮助他安全抵达祖宗所在的地方。

神龛上的红弓白箭

僅家人被称为“弓箭部落”，除了源于对远古英雄的崇拜，也与族群和恶劣生存环境的长期对抗有关。由于势力相对弱小，僅家人的生存空间一再被挤压，最后只得隐居深山，以狩猎为主要生活方式。清道光年间的《大定府志·峒蛮竹枝词一百首》中有描写僅家围猎的诗：“一任云霞绕四周，籓垣不具处山头。高坡漫道谋身拙，逐鹿还须让革兜。”长年与山林中的豺狼虎豹为邻，造就了僅家人高超的狩猎本领。

为防御野兽袭击并抵抗外来强敌的侵略，僅家人以同姓家族为单位聚居。在大多数僅家人的神龛位置上，除了供奉祖先的牌位，还会悬挂一副小巧的红弓白箭。罗家有所不同，弓箭被挂在堂屋正门对面的正壁上。对僅家人来说，弓箭代表能够驱邪镇恶、带来安康的祖灵，也是香火兴旺的象征。弓代表女性，箭代表男性，把弓箭敬奉在神龛的位置上，香火就可世代延续。

黔东南地区民族多、民族支系繁杂的特点，在民族服饰上得到最为充分的体现，光苗族、侗族、彝族纷繁多样的服饰样式就以百种计。服饰是族群区别最重要的外部特征之一，黔东南各族群独具特色的服饰是其最直接可辨的族群标志。左图为黔东南从江县瑶族女子。这一支系的瑶族属过山瑶一脉，姑娘盛装时，头饰是用杉木皮或薄杉木板衬成角状帽，十分绚丽张扬，故也被称为“顶板瑶”“板瑶”。

右图为黔东南从江县水族女子。水族喜好白色、青色和蓝色等冷色调，即便是盛装也多以青色、蓝色为主色，不喜黄色、红色等热烈的颜色。

左图为黔东南麻江县畲族盛装女子。民族服饰既反映其族群的历史、风俗、生活环境和生活习惯，也以美学意蕴映现出各民族文化的主要特征。

在僙家最重要的节日“哈冲节”的最后一天，要举行射箭活动。家族族老和助手等四个特定人员各执一箭，用箭射“发达鸟”（模拟女人的裸体的鸟画像）——射中胸部表富贵双全，射中嘴巴表能说会道，射中乳房或阴部则预示着全族繁荣昌盛、兴旺发达。

栖息于鼓的灵魂

僙家没有自己的文字，但有保存十分完好、几乎没有变异或分支，并在族群内长期通行使用的语言。在祭祀活动、婚丧嫁娶等重要活动中，僙家人都要唱古歌、叙古词等，歌词叙述的是他们的传世、迁徙、信仰以及生产生活。比如，“喳昂尚典”（僙家阴系组织）传承的叙述僙家人迁徙历程的《迁徙词》，叙述创世传说、射日传说及表达对新生命诞生的喜悦的《摆解轰词》，反映僙家的历史、生产、劳动、生活等内容的《芦笙词》，引导亡人的灵魂回归另一个世界，进入祖鼓，和祖宗一起生活的祭词《归宗词》等。

“牵着水牛留绳来，抬着祖鼓留种来。”这句话频繁出现在僙家的迁徙词当中。相传，僙家先祖在一次打猎中遇到猛虎，急忙跳进一樟树洞中躲避，才幸免于难，僙家人由此开始了一段时期的树洞居生活。后来由于各种原因需要迁徙，他们便将樟树干的基部挖空，制成祖鼓，作为祖先灵魂的住所，以便随之迁徙。由于早期生产工具十分落后，僙家制作的祖鼓，状似树圪蔸，因而汉族便称僙家人为“圪蔸”，在史书中也写作“犵兜”“犵兜”“仡兜”等。由于被视为祖先灵魂栖息的地方，祖鼓的地位十分神圣，不仅在历次迁徙中时时相随，也是僅家人祭祀活动的核心。祖鼓的摆放有规矩，要悬挂在事先凿好的鼓洞中；祖鼓存放在谁家，谁家就是“鼓头”。平日里，任何人不得随意敲击祖鼓，严重不敬鼓者会被赶出村寨。

僅家人寨中每年都要举行盛大的祭鼓祭祖活动，十几年甚至几十年才举办一次的“哈冲节”，则是僅家寨子最隆重、最盛大的立鼓为祖的节日。节前要在深山中寻找高大笔直的香樟树，择吉日砍伐并运回寨中备用；将要宰杀的大水牛也会得到悉心的照料。整个仪式主要有牵“保家牛”入场“请鼓”、吹笙舞蹈、念“请祖词”、宰牛立鼓、宴请、狂欢、遣鬼祈福等仪式。

三天三夜后，新鼓被送到新“鼓头”家中，僅家人祖先的灵魂，又有了新的栖息之所。

黔东南黄平县西家盛装女子。

贵州省黔东南苗族侗族自治州，层峦叠嶂、沟壑纵横间，散落着无数民族聚落。这里是中国苗族、侗族最主要的聚居区，近一半的侗族人和四分之一的苗族人生活在这片约3万平方公里的土地上，此外，还有汉族、布依族、水族、瑶族、壮族、土家族等30多个民族在这里繁衍生息。

不仅如此，贵州还是我国“待识别族群”人口最多的省份。2010年第六次人口普查表明，我国“待识别族群”人口共有73.4万人，而贵州占71万，即全国95%以上的“待识别族群”人口集中在贵州。部分世居、原住族群集体认同存在差异，从而造成民族归属上的问题，这些人群在贵州呈片状分布，以黔东南地区最具代表性。这些族群过去受地理环境和交通条件的限制，不同聚落和外界少有联系，处于相对孤立的状态，在生产方式、生活习惯、宗教信仰、民俗传统等方面一定程度上维系了祖制。

黔东南其他主要“待识别族群”

东家

东家人自称“嘎孟”，主要分布在黔东南州麻江县和凯里市。1996年通过识别被划入畲族，但从服饰、语言、宗教信仰、民俗礼仪等方面来研究，东家人与周边民族及居住在其他省份的畲族有较明显区别。关于东家人的来源和迁徙情况，由于该族群无自有文字，汉语记载的相关民族历史又较晚，至今仍无较为深入的研究与考察。目前所见最早关于东家人的文献资料为汉人所记载，将东家看作苗族的一支，称其为“东苗”，或不妥当的“鸭崽苗”。在东家人的自我认知中，是严格地把自己同苗族区划开来的。东家和苗族服饰不同、信仰不同、语言不通，甚至在东家人口传的历史中，他们曾一度受到苗族的滋扰，彼此并不是深入交往融合的关系。东家话仅能与俫家话相通，二者有七八成相似。东家人认俫家人为兄弟族群，称其为“嘎孟多”或“哥摩多”，指住在下方的东家人；俫家人称东家人为“嘎孟夏”或“哥摩夏”，指住在上方的俫家人。

西家

西家人主要分布在黔东南州黄平县境内，现有750户左右，人口3000多。相传西家人的祖先是曾经辉煌一时的西夏人。成吉思汗率蒙古军征讨西夏时，死在今宁夏境内。西夏人遭到报复，几乎覆灭，幸存者一路南下，最终到达这个远离战乱的世外桃源。西家人无文字，关于其真实历史暂不可考，但至今西家人还保留着本族群特有的服饰、语言、习俗、宗教和节日。新中国成立前，西家人的婚姻纯由父母包办，仅限本族群内通婚，有“还娘头”“姨妈亲”等习俗。新中国成立后，原有婚姻制度虽被打破，但族外婚所占比例很小。因此，西家人与其他民族群体基因交流较少，为典型的遗传隔离群体。

绕家

绕家人是较早迁入贵州的人群之一，亦被称为“天家”“天苗”等，曾通过民族识别先后被划入彝族、瑶族，但族属问题至今仍未彻底解决。他们主要聚居在贵州省黔南州都匀市绕河地区（民间称“上绕家”）和黔东南州麻江县河坝地区（民间称“下绕家”），约有1.5万人。绕家没有自己的文字，但有自己的语言，有口头传说，无确凿历史。“ 呃嘣”是绕家特有的艺术形式 ，其唱腔独特、深沉、雄浑，旋律古朴优美，并以多声部和音特点受到音乐界学者的关注。绕家世代以“ 呃嘣”大歌替代书本传承本民族历史文化。

绕家人不过年，只在子月（十一月）的第一个寅日（虎日）过“冬节”。这是绕家最重要、最隆重和最有特色的节日，绕家人以此日为岁首。传说很久以前，绕家人不断受到外族驱赶，几个“天老”（祖先）于子月首寅日带着绕家人来到绕河河谷，发现这里适合居住，于是在此定居。其中一个“天老”不顾天冷，下河捕鱼给大家吃，被冻死了，后人为了纪念他，逐渐形成了在这一天过冬节的习惯。绕家人祭祖仪式中使用的工具、摆设均十分复杂、讲究，力图恢复当年老祖宗的生活场景。例如，鱼必须清水煮，忌油，因为当年祖宗们没有油吃；盛鱼必须用青菜叶，用巴茅秆当筷子，因为当年不可能有碗和筷子；喝的汤是青菜水，也是基于类似的考量。

苗族古歌
苗族的记忆与日常

道

撰文 申敏 吴缇

集体记忆与世俗人生

20世纪80年代，黔东南州雷山县文管所收集到一些石碑残片，年代无法辨认，上有与汉字笔画相仿而无法识读的方块文字若干，疑为古代曾使用的苗文。此外，在其他苗族聚居区，也有各类“苗文”存在过的痕迹，但都和雷山残碑上的文字一样，早已不为人所用。没有书面历史流传的苗族，通过一代又一代歌师的口传心授、应时而歌，感知着远古先民筚路蓝缕的坚韧与精神世界的丰足。

我们可以从狭义和广义两个层面来认识苗族古歌。 狭义的苗族古歌即所谓“苗族史诗”。亚里士多德在《诗艺》中说：“诗是一种比历史更富哲学性、更严肃的艺术，因为诗倾向于表现带普遍性的事，而历史却倾向于记载具体事件。所谓‘带普遍性的事’，指根据可然或必然的原则某一类人可能会说的话或会做的事——诗要表现的就是这种普遍性，虽然其中的人物都有名字。”苗族史诗虽无固定文本，但其主干部分“歌骨”亦由“带普遍性的事”构成，有“可然或必然的原则”，其中具体的人物和其他众生也可视为“某一类人”的代表。

“开天辟地”“枫木歌”“洪水滔天”和“跋山涉水”是苗族史诗的四个重要组成部分，主要流传于黔东南州台江、榕江、雷山、施秉等县；流传久远、版本复杂，大体依照时间顺序展开；内容极其丰富，大量运用比喻、夸张、排比、拟人、反问等修辞手法，讲述苗族传说中的起源、传统信仰、历史大事及英雄人物等，并涉及生活习俗、社会管理等与日常生活息息相关的内容；采用五言体，押苗韵，充满浪漫主义和理想主义色彩。除此之外，在贵州西南部的紫云县，还发现了记载西部苗族历史、文化和迁徙过程的英雄史诗《亚鲁王》，篇幅巨大，被誉为我国少数民族四大史诗之一。苗族史诗的内容并不能作为客观事实来看待，却为我们探知苗族先民的社会发展历程、思想观念、生存环境等提供了良好的观察角度。

广义的苗族古歌还包括古代传承下来的酒歌、情歌、出嫁歌等。其中最有代表性的是流传于黔东南苗族地区的“贾理”和“刻道”。贾理所唱系乡规民约，用以约束族人的日常行为、解决争

酒歌是苗族古歌的一种，通常在节日、嫁娶的喜庆宴席上演唱。摄于黔东南州台江县。

摄影＿陈沛亮

端。刻道是男女嫁娶时开亲歌的一部分。或者可以说，苗族古歌一面承载着苗族人自远古年代累积而成的集体记忆，另一面则紧密联结着每个个体的世俗人生。

史诗中的记忆

按苗族史诗所述，天地混沌之时，神人们不辞辛苦，立起支天柱。螃蟹“排山开河往下来”，将天地撑开，使得原本“只有脚胫粗”的河床能够流动木柴。后来，休纽通水，布巴开山，“河床开了三庹宽，可容木排往东放，能容运金河水流”。休纽也写作“修纽”“休狃”等，有角，“身子如同水牯牛，脑袋如同狮子样，尾巴好像棕树叶，四脚如同大钉耙”，“脚杆粗如粮仓柱，嘴壳大如脚胫骨，眼睛睁大如灯盏，满身好像那棕毛”，想来形象颇类深受汉族民间喜爱的麒麟。苗人运金运银之时，休纽再次自西而至，后来变成穿山甲（鲮鲤）。

天地既开，金银也有了，人们便开始制造太阳和月亮。最初，太阳和月亮各有12个，都被挂到天上。“只因太阳耳朵聋，交代的话听错了，来时一早全出来，回时一晚都转回”，大地眼看要化为焦土。英雄昌扎用十一年时间，射下11个太阳和11个月亮，吓得剩下的一个太阳和一个月亮躲藏起来，天地黑暗一片，生产生活无法继续。当初倡议铸造日月的四位老公公又出来想办法，将日月唤回。昌扎一家死后则化作星星，升入天空，为后世苗人所怀念。

与世界上许多族群相似，苗族也将人类始祖的诞生附会于自然界的其他生灵，但过

贾师唱贾。摄于黔东南州丹寨县。

摄影 _ 黄晓海

程更为曲折。传说中，蝴蝶妈妈（苗语称为mais Bangx）生于枫树，与水中的泡沫结合，历经12年，生下12个央腊蛋，同生于枫树的继尾鸟（也称鹡宇鸟）抱蛋三年半，什么也没有孵出来，气得飞走。在神人的帮助下，尚在蛋中的姜央开口说话，说服继尾鸟再坚持一夜。果然，苗人的保护神尕哈、人类始祖姜央，及老虎、雷公等物种陆续出世。姜央出生后，他的脐带变成稻子和蕨菜，均为苗人喜爱的食物。

“鸟多窝小容不了，人多地方住不下，容不下火坑烧火，容不下脚杆舂谷，地分人散各西东，一人各往一处走。”同为蝴蝶妈妈所生的兄弟分家后，雷公对分配方案不服，放水淹没人间。后来，大水虽然退去，但人类已几乎死绝，姜央和妹妹因躲在葫芦中才幸免于难。他不得不设计与妹妹婚配。妹妹生下一个肉团，姜央用柴刀劈开，“变成大伙众多人，千家百姓从此来”。

苗族的居住地至此已有起伏的山岭，蜿蜒的河流、代表社会财富的金银、分开白昼与夜晚的日月和照明的火种等，得以休养生息。后来，随着人口日益增加，苗族先民在几对夫妇（均出于妹妹所生的肉团）的带领下沿河西走，寻找更为广阔的生存空间。

苗族史诗虽以苗族的古老传说为基础，但其中也能看到其他民族的印迹。休纽离去后，角被存放于神庙和官衙中，从此“苗人汉人得纪念”。而在“洪水滔天”中，除汉族外，客家、侗、偉家等族群也纷纷现身。最有趣的莫过于姜央与雷公争大小时，有位仙人骑着大灰马从天而降。

铁拐李来断纠纷，他是怎么评断的，雷公自己才赞成，姜央自己才愿意？铁拐李来断纠纷，他是这样评断的：雷大就是个哥哥，央小就是个弟弟。你们相争当大哥，争夺这个做什么？

贾师唱贾时使用的贾签。摄于黔东南州丹寨县。　　摄影 _ 黄晓海

这段故事见于潘正昌演唱、张海平搜集、燕宝整理译注的《苗族古歌·洪水滔天》。道教神仙这种和稀泥的方案没能说服姜央，后来又有劳柳普、老龙王、宛西老婆婆、天上老帝王等慧人神仙出来劝和，都无法令姜央满意。最后问到雷公的母亲，也说雷公是大哥、姜央是小弟。于是，姜央假意接受这样的安排，让大哥雷公出去劳动，自己则整天待在家里。有一天，姜央抱着芦笙又吹又跳，雷公看得高兴，要求“这回姜央去干活，这回我在家看屋”。姜央趁机“点来一个小火把，烧个四面和八方”，将雷公赶到天上去了。

古歌的日常之用

苗族史诗中有一个休纽断案的故事。香两公公和香两婆婆发现塘中的鱼秧被捞走，而枫树身上沾着鱼鳞，便来理论。枫树说是白鹤和鹭鸶做的，却无法交出它们，于是香两公公请人来裁决。休纽也来到现场，“啪啪拍在枫树脚，震得枫树呼呼摇”，张口道：“你是窝家藏贼人，有你留住匪才来，没你留宿匪走了，问你还有啥话说！”未几，“包庇案犯”的枫树便被砍倒。故事中休纽充当的角色，其实就是为苗族人所服膺、信赖的贾师。

传统苗族社会没有成文法律，自古流传的事例与道理，经历代贾师（理老）实践、融合、精炼，形成一套被普遍认可的宗教、法律和道德观念及执行方法。贾师平常从事劳动生产，邻里产生纠纷时则变身为仲裁者，配合贾签（理片）唱出内容实在、明白易懂的贾理。贾师每讲一理，便放下一支贾签，判断是非曲直，真正以“理”服人。有时，纠纷各方会各请贾师，对阵打擂，你来我往，唱到一方无言以对为止。无论以贾理评断的结果如何，被评断者都要接受，不服贾理者会被乡人厌弃。

广大苗族地区在清雍正年间完成改土归流，由中央政府派驻流官治理，国家的成文法律亦在当地实施。但是，对于日常生活中的争执，中央政府仍然准许苗族保有从前的裁决方式及标准，自行处理。《大清律例·刑狱·断狱》中规定："凡苗夷有犯军、流、徒罪折枷责之案，仍从外结，抄招送部查核。其罪应论死者，不准外结，亦不准以牛马银两抵偿，务按律定拟题结。如有不肖之员，或隐匿不报，或捏改情节，在外完结者，事发之日，交部议处。其一切苗人与苗人自相争讼之事，俱照苗例归结，不必绳以官法，以滋扰累。"此条于雍正五年（1727年）经律例馆奏请后首次列入钦定例内，乾隆五年（1740年）修订（见马建石、杨育裳主编《大清律例通考校注》）。其中所谓的"苗例"即是"贾理"。在现代苗族社会，贾理虽已丧失"法"的地位，但依然是黔东南苗族日常生活中不可或缺的道德规范。寨子里的苗族人有了小矛盾，还是习惯找贾师唱上一段贾理。

刻道主要流传于高坡苗支系聚居地区，尤以施秉、黄平等县为代表，是当地苗族群众嫁娶时必唱的古歌。歌棒是刻道歌师的必备之物。常见的歌棒主要由木、竹制成，长约一尺，有圆形、方形及三角形几种形状。而无论何种形状的歌棒，上面都刻有二十余个符号。这些外人不明所以的刻痕，实际各有所指。施秉苗族的一份刻道符号说明中显示，三个叉子代表300只鸡，四条横线代表300匹花布，三个人字形代表300头牛等。在嫁娶双方的唱和中，即可窥见当地的传统婚俗。

演唱时，歌师将歌棒暗藏于袖筒之中，摸索着上面的符号，在三天三夜间接连唱出一万多句歌词。内容既有对即将开始的婚姻生活和家庭生活的教育，也有莫忘娘家的训导，从穿衣、持家、养育子女，到接人待物、邻里相处、亲友交往，巨细靡遗。

归属与答案

苗族以村寨为基本共同体，实行小聚居生活。黔东南苗寨中遍植枫树，其中不乏树龄在百年以上的古树。在苗族人心目中，枫树是神树，是人类生命的源头，"种子从东方飘来，根子就扎在西方"，树高而叶茂，为大地带来清凉。因"包庇"白鹤和鹭鸶被砍倒后，枫树又"变成万千物"，包括鱼子、蜜蜂、飞蛾等，并孕育出蝴蝶妈妈和继尾鸟。苗族迁居之前，先要在目的地种植枫树，观察其生长情况；如生长良好，方可动身。苗家居住的吊脚楼，则常以粗大的枫木作为支撑整个结构的中柱。其他如樟、杉、银杏等树木在苗寨周围也很常见，与枫树共同构成苗寨漫山遍野的绿意。

在苗族人的观念里，人类自初生之时即与万物相依相存、无论贵贱，此后也是在万物的帮助下得以发展壮大。传说中的人类始祖姜央，既不是神仙，也未以完人形象出现。他聪明强壮，但也很狡猾。大水退去后，他与妹妹结合，其事又为后世所忌讳。时至今日，讲述姜央兄妹通婚的"洪水滔天"一章仍是不能随意演唱的，如要演唱，必须在户外，并事先杀掉一只鸭子献祭。就是这样一个生于偶然的常人，却能在历劫幸存后重建家园，并使族群有了继续繁衍的可能；而后世多次辗转迁徙的苗族先民，也从未放弃过对安居乐土的寻找，代代绵延至今。

E.H.卡尔在《历史是什么？》中谈到，历史"就是现在与过去之间永无休止的对话”。这样看来，苗族没有书面的历史，似乎也算不得遗憾——因古歌的存在，生者与先人的联系从未消失。每个民族都有记录自身、继续生活的方式，孜孜不倦地求索着“我是谁”、“从哪里来”、“到哪里去”以及各类人生的难题。苗族的历史已随讲古而不泥古的古歌融入苗族人的魂魄，每个人都在歌师的歌唱中找到了归属感和需要的答案。

从某种意义上而言，长期依靠口传心授流布的苗族古歌，与歌师是融为一体的。换句话说，歌师传唱古歌，本身亦会成为古歌的一部分。古歌浓缩了苗族先人对世界的认知，也在不知不觉中渗透着歌师个人的体悟。而承载无字之史的血肉之躯，往往也在笔墨难书的无常人生中历练。自青年时代起即为苗族古歌魂牵梦绕的歌师王安江，半生甘苦悲欢与古歌难分难解。经数十年奔走搜集，他记录下60余万言的古歌歌词，后以“王安江版苗族古歌”为名出版。这是历史上第一部以歌师个人名义命名、出版的苗族古歌集。

（除特别注明外，本文所采用的苗族史诗内容均出自吴一文、今旦合著的《苗族史诗通解》）

刻道歌师使用的歌棒。歌棒上的三个小星号代表“200两银”，一个大星号代表“公平秤”。摄于黔东南州施秉县。摄影＿陈沛亮

黔东南州榕江县盛装刺绣上衣局部。因衣服图案以蝴蝶为主，俗称“蝴蝶衣”，寓意来自蝴蝶妈妈的吉祥护佑。成衣时间为清朝末年。

道

苗绣
针线中的宇宙

撰文 曾丽 供图 曾丽 谷佳俊 等

苗族女性从七八岁开始，便与绣针、绣线和绣布为伴。她们对美的领悟力与创造力，一方面是天赋，一方面来自日积月累的精益求精。

苗绣是灿烂且引人入胜的，一件构思巧妙、技艺精湛的绣品，即便是在不同文化背景的观察者眼中，依然具有直达心灵的感染力。

苗绣又是易于消逝的，纺织品的材质限制了它们留存的时间。除去物质在时间面前本质性的无力，更难说清的则是『天意』。

献给祖先与神灵的礼物

在苗绣前辈收藏家曾宪阳先生的藏品中，有一件来自贵州省黔东南州台江县施洞镇的嫁衣。这件嫁衣采用破线绣法，其中一块绣片上，“人”居于画面正中，被象征生命通道的枫树心包裹；传说中孕育了人类始祖姜央和世间万物的蝴蝶妈妈在“人”的上方；蝴蝶妈妈和人的两侧是神兽休纽；下方与休纽相对的，则是抱蛋孵出姜央的鹡宇鸟。简而言之，这是苗族人对于生命起源的想象。将这样的场景呈现于嫁衣之上，一方面包含着对新人生活和美、绵延子嗣的祝福，更重要的是向祖先和神灵报知喜讯，对他们的护佑表达感恩之情。

有别于并称中国四大名绣的苏绣、湘绣、粤绣、蜀绣，除去动物、植物纹样外，苗族刺绣很少表现现实、具象的生活场景，栩栩如生、惟妙惟肖地再现物质世界并不是苗族人所追求的。苗绣的主题完全是苗族人精神世界的表达，抽象的理念或者说朴素的哲学，如生命观、宇宙观、万物关系等，反而更加吸引他们，绣品既繁复华丽，又简单纯粹，画面和场景均为二维展开，不讲透视，也没有逻辑，要深入其中的境界，感性的领悟有时比理性的分析更有效。

传统的苗族刺绣是苗族女性献给祖先和神灵的礼物，而祖先与神灵也会注视着她们的一针一线。绣什么、怎么绣、何时绣，都要遵循祖先与神灵的指引。对祖先和神灵的虔敬之心促使苗族女性追求刺绣水准的极致，她们相信，只有这样做才会得到护佑，家族才会昌盛，自己才能嫁到最好的人家，也会因此奠定在族人中被尊敬的地位。

日本研究苗族服饰手艺的学者、《一针一线：贵州苗族服饰手工艺》的作者鸟丸知子博士说：“苗族人与纺织，或者说与自然的关系，在全球大部分地区早已不复存在。”日复一日恭敬而专注地穿针走线，是苗族女性切身的修行。如同王羲之挥动笔写就《兰亭序》后，连自己也无法复制这经典，每一幅传统苗绣作品也是唯一的。从种棉、养蚕开始，到后面的纺、织、染、绣、缝，每个步骤都是纯手工劳动的产物，没有丝毫偷懒与欺瞒。而苗族女性在刺绣时，也会要求四周安静、手掌清洁，以戒除杂念，全身心地投入这场“仪式”。

专心学做刺绣的苗家姑娘。摄于黔东南州丹寨县。摄影 _ 张律堂

纹样中的密码

苗绣纹样中承载着苗族世世代代的传说和秘密，蕴含着苗族的历史、文化、集体情感和审美观，因此才能流传数千年而不辍。

卷曲状纹样通常被认为是在模仿苗族地区常见的蕨菜花、水车、虎爪、水花等。但是，真正的苗族老人却会这样告诉我们："在很久很久以前，没有天也没有地的时候，就是这个样子。"就像苗族古歌"开天辟地"一章中所唱，"远古的时候，地是这个样，模糊一团泥，摇摆又晃荡……"没有文字的苗族，将自身对宇宙起源的认知以刺绣这种直观的方式表达出来。

蝴蝶是苗绣中最常见的形象。我们大致可以这样说：判断一件绣品是不是苗绣，就先看有没有蝴蝶。在"枫木歌"中，生于枫树心的蝴蝶孕育了人类的始祖姜央和世间万物，被奉为一切生灵的祖先，敬称"蝴蝶妈妈"。不同苗族支系、苗绣技法所呈现的蝴蝶形态、质感各不相同，有的具体，有的抽象，有的写实，有的夸张，但当中蕴藏的敬意丝毫无差。

鹡宇鸟和蝴蝶妈妈同生于枫树，在蝴蝶妈妈生下12个蛋之后，辛辛苦苦抱蛋达三年余，才有姜央出世。换句话说，在苗族人的观念里，人类之所以能够出现在大地上，也有鹡宇鸟的恩情。基于此，鹡宇鸟也常常出现在苗族的绣品上。

再者便是枫树。没有枫树，就没有蝴蝶妈妈和鹡宇鸟，自然也就不会有人类。因此，枫树是苗族人心目中的神树。苗绣上的枫树常以横截面出现，具有圆满的美感，且易于和蝴蝶、鹡宇鸟等对称构图。

休纽则是苗族神话中的神兽，据说自开天辟地之时就已存在。它身子像牛，头像狮子，眼如灯盏，腿如仓柱，脚如钉耙，浑身覆盖着又硬又密的毛。天地分开后，休纽开水劈山，运送金银，又充当理老断案，被寄予了诸多想象。

苗族虽然有古老的信仰和宗教，但在苗族人聚居的地方，几乎找不到任何类似教堂或庙宇的建筑，甚至连祠堂也没有。不过，在苗族人的服饰上，却可见到祖屋（鸟屋）的造型。祖屋檐角形如鸟翼，庇护着下方的生灵，代表着苗族人心中为祖先保留的空间。

除此之外，另外两个经常出现的纹样是苗龙和牛。在传说中，它们都是由蝴蝶妈妈所生的12个蛋里孵化出来的。由于传统苗绣没有纪实的功能，在今天的解读中，我

锡绣（左）

主要产于黔东南州剑河县，是贵州苗族独有的以金属锡为刺绣材料的特别技法。图案以连续几何纹为主，已近失传。图中绣片为民国早年绣品。

贴花绣（中）

黔东南州三都县苗族刺绣背扇局部，采用贴花绣技法。清朝末年绣品。纹样含义为生命在蝴蝶妈妈护佑下诞生。

破线绣（右）

黔东南州台江县施洞镇最有代表性的刺绣技法，将一股普通丝线均分成数根细线后再进行刺绣。它的特点是华丽、细腻、精致、制作耗时长。图为现代绣品，代表当下破线绣技能的最高制作水准。纹样为苗龙，代表吉祥与力量。

们可以推测那是苗族人心中敬仰的灵性形象，能带给他们吉祥与护佑。

“绣”之传承

苗装苗绣传承千百年，有严格的古训规定，我们可以通过服饰的款式和刺绣特征的不同，判断苗族人生活在什么区域、讲什么方言。苗绣的刺绣技法包括平绣、雕绣、板丝绣、辫绣、打籽绣、破线绣、锡绣、挽绣、马尾绣等。有些绣种还会有更细致的分化，如打籽绣又具体分为圆头打籽绣、长头打籽绣、大头打籽绣、小头打籽绣等。苗族有上百个分支，不同支系的服饰款式各不相同，刺绣风格、造型也不一样。服饰以及服饰上的纹样就是每个分支的徽记，不同分支之间使用的刺绣技法、针法有着严格的划分。纹样和服饰风格由至高无上的祖先制定并传承下来，不能被设计、创新和更改，否则就是背离祖先与族人。

苗族女性通常先制作绣片，再将绣片缝到服饰以及与服饰有关的物品（如背扇）上。制作绣片时，传统方式是在浆过的绣布下多打一层底，使其挺括，然后直接刺绣，不用绣绷。旧时苗绣采用的绣线多以生丝自染，容易掉色，也容易朽坏。现在，人们也会使用化学染料染色的机制绣线。

锡绣是剑河苗家独有的刺绣技法，做工复杂，需要根据底布的经纬线数纱对称布局。刺绣时，除了所有绣种都要用到的绣线，还要用到金属锡。锡绣的纹样相对固定，如“寿”字纹或“万”字纹等。先将薄锡片剪成宽约2毫米的细条，两端剪成尖角，弯成钩状；再根据图案布局，用绣线在底布上按定式钉成一个个线套；然后将已制好的小锡钩钩住线套并卷合，用剪刀剪断后，压实，使之成为一个小锡粒。最终的整体图案即由这些有规则排列的小锡粒构成。成品以匀、软、坠为佳，锡绣与数纱绣结合，形成深底银花的效果。

挽绣也叫绕线绣、挽针绣，双针双线。粗看像辫绣，但技法完全不同，为台江苗族所喜爱。刺绣时，先要用皂角蜡捺线，使之平顺、整齐；然后将一根丝线分为两股，一粗一细，粗股穿针后做面线，只在绣面上盘绕，细股穿针后用回针针法将盘绕面线钉在绣布上。双针双线按照纸样交替运行，一环扣一环，沿图案的外围轮廓慢慢向图案中心汇拢，有较强的走向感。

破线绣是一种特别精细的技法，代表了苗绣工艺的极致。传统的破线绣，要先将普通绣线破开，分成比头发丝还细的8~16股；将分好的单股彩线穿上针，线随针穿过夹着皂角液的皂角叶子，使彩线变得平滑、亮泽、致密，用平绣针法沿轮廓一针

皱绣（左）

产自黔东南州雷山县的绣衣。刺绣时，先将丝线编织成宽约3毫米的辫带，与辫绣相同；再根据图案轮廓，将辫带由外至内堆钉在事先设计好的图案上。成品耐磨、厚实，呈现出很强的立体感和浮雕感。图为民国早年绣衣，纹样内容在字与图之间。

数纱绣（中）

图中绣品来自黔东南州黎平县。技法特点是以底布纱线的经纬线为基点，讲究对称和工整，几何感强。制作时反面绣，正面看。图为民国早年绣品。

挽绣（右）

技法特点为双针双线交替运行，也叫挽针绣。图为清朝末年绣衣局部，产自黔东南州雷山县。

一线地将图案填满。

以破线绣技法制作一件绣衣，通常需要花费四年以上的时间，有时甚至要由家中两三代女性合作完成。过程当中，由于祖母、母亲和女儿的运针力度不同，针脚会有松有紧；而前面用过的某种色线如果没有备足，后面再用到，就只好用相似的色线代替。这些小小的“遗憾”，留下时间与人工的痕迹，通常会成为制作者的传家之宝。

针线的哲学

苗族女性从七八岁开始，就要在女性长辈的指点下学习刺绣，此后终其一生，都与绣针、绣线和绣布为伴，直到手捉不稳针、眼睛看不清针脚为止。她们对美的领悟力与创造力，一方面是天赋，一方面来自日积月累的精益求精。

苗绣是灿烂且引人入胜的，一件构思巧妙、技艺精湛的绣品，即便是在不同文化背景的观察者眼中，依然具有直达心灵的感染力。第一次接触苗绣的人，往往先被它的美所震撼，进而探究这美的来历，并深深沉醉其中。鸟丸知子博士和母亲鸟丸贞惠，在二十几年间多次深入贵州，研究当地苗族的纺织与刺绣技艺，从而“愈发领略到苗绣的美”。两人在贵州考察初期，经常要走山路，“崎岖处通常会分开前进，这样即使一个人发生意外，另一个人还可以继续进行研究”。

苗绣又是易于消逝的，纺织品的材质限制了它们留存的时间，当下我们能看到的最好的苗绣，多是清末、民国年间的作品。除去物质在时间面前本质性的无力，更难说清的是“天意”。20世纪80年代初，曾宪阳先生曾在榕江县见过一件“神衣”，是鼓藏节时祭师穿的礼服，已有大约一百五十年历史，传了七代人。历史博物馆的工作人员曾想购回收藏，主人表示“这是祖宗的东西，卖掉了家里就会不得平安，不敢卖”。她去世时，因没有后代，这件“辟邪镇宅之祖先灵物”便“同她一起下葬，交回老祖宗去了”。

苗族历史上长期没有文字，在数次大迁徙后，要依靠一代又一代歌师唱诵的古歌追忆先祖的事迹。而苗绣中的图景，则像是另一种独特的文字，述说着苗族的历史与文化。苗绣所呈现的世界，是苗族女性所理解与接受的世界。她们中的很多人，从未离开过故土，但在制作苗绣时，内心却如同哲学家，广大得难以探知。敬仰、祈愿、记忆、欢欣，乃至对天地与生死的感悟，这些用语言难以描摹的心绪，皆由针线而为人所知。

打籽绣（左）

产自黔东南州台江县革一乡的绣衣。刺绣时，将彩色丝线一分为二，每绣一针，丝线就在面上卷结成一个圆籽，以圆籽构成花饰。绣品质感强，经久耐磨。图为民国早期绣品。

背扇局部（中）

背扇来自黔东南州丹寨县。背扇中央垂挂蝴蝶妈妈符形挂饰，寓意护佑幼孩健康平安。

百鸟衣局部（右）

绣衣来自黔东南州榕江县。以板丝做底，平绣技法为主。纹样以鸟和蝴蝶为主，俗称“百鸟衣”。在隆重的场合下穿戴，如祭祀、婚嫁。

雷山县方祥乡格头村绣娘杨先姣。当地女性便装以上穿右衽大襟紧身短衣、拴钉带银圆牌的刺绣围腰、下着裤为特色，头上绾髻、戴木梳。盛装时，上装为无领大襟衣，两襟在胸前交叉，袖、肩、领缀数十块精制的刺绣；下着青布百褶裙，外系彩色刺绣长围裙；头上绾高髻，插银簪、银花。摄影 _ 姬东

丹寨县兴仁镇王家村绣娘莫兴芬。王家村女性服饰以围裙上的板丝绣为主要特色。上穿大领宽袖短夹衣，下着百褶裙，系丝绵织锦腰带，拴前后围裙，裙摆缀有特制的板丝绣花边。 女子绾高平髻，掺假发，抹茶油。摄影 _ 姬东

丹寨县排调镇羊先村绣娘杨通艳（左）和余贵芝（右）。丹寨“嘎闹”支系苗族中间流行的锦鸡舞，是芦笙舞的一种，在节庆、婚礼、祭祀等场合表演。舞者们身穿的锦鸡服，就出自当地绣娘宽大、粗糙的手掌。
摄影 _ 姬东

黔东南苗银

天然成就的厚重

道

撰文 加贝 摄影 吴仕忠 等

头戴银冠，脖挂银项圈，胸前铺满银饰的苗女盛装形象，构成了绝大多数人心中的苗人印象。

苗族人对于银饰的喜爱由来已久，记录苗族传世历史的苗族古歌中多次出现“金银”相关内容就是明证。其中有一篇专门以“金银”为题的篇章——《运金运银》，这样唱道：“运金做什么？运银做什么？运金给妈妈，运银给妈妈。妈妈得金银，装满柜和箱。”

苗族是何时开始接触银，何时开始使用银饰的呢？我们可以从先秦时期记载苗族祖先蚩尤的相关历史文献中看出一些端倪。管仲《管子·地数》里说：“蚩尤受庐山之金，而作五兵。”《尸子》里也记载：“造冶者，蚩尤也。”这说明，至少在汉代以前，苗族先民就在一定程度上掌握了金属冶炼技术。

金属冶炼技术的出现，只是为苗族人开始使用银饰品的时间提供了一定范围的参考，从苗族聚居地墓葬中经考古挖掘而来的文物则更具说服力。

众所周知，苗族的历史主要是一部迁徙史。苗族形成如今在全国的分布格局，经历了至少五次大迁徙。历史上，苗族人为了获得生存空间，从华东迁至中原，从中原迁至中南，从中南迁至西南，足迹遍布大半个中国。秦汉至唐宋是苗民进行第四次大迁徙的时期，在此期间，一部分苗民从湘、鄂、川、黔毗邻地区迁至川南和贵州大部分地区，深入黔南及黔东南。

而在贵州出土的历史同期考古文物中，所见除了证明当时冶炼技术已相当成熟的青铜器具、兵器等，还有包括银圈、银手镯、银戒指在内的大量银饰物件。结合苗族传说和现代出土的文物来看，苗族使用银饰的历史极可能可以追溯到汉代。

明确记载苗族使用银制品作为装饰物的文献，出现在明代万历年间。郭子章的《黔记》记载：“黎平苗与贵州同。其妇女发鬟散结、额前插木梳，富者以金银；耳环亦以金银，多者至五六，如连环。”

到清代时，苗族银饰的使用已经非常普遍，苗族无论男女老少，都以戴银饰为

姊妹节上身着盛装、佩戴银饰的苗族女子。摄影 _ 秦刚

美。清钮祜禄·爱必达所著的《黔南识略》中记载："苗族男子，项戴银圈一二围……女头必裹布，耳戴大环，项戴银圈一二以至十余围不等……女子银花饰首，耳垂大环，项戴银圈，以多者为富……"

天时地利与白银

从上述记载来看，"以多为富"是清朝时贵州南部地区银饰审美的一大潮流。实际上，这一结论并非只是爱必达个人的主观判断。台北辅仁大学的研究表明，"在银饰的使用上，黔东南最为厚重，黔西北最为简约，台江、凯里、雷山等地区银饰种类纷杂，盛装银饰甚至高达五十余种"。

贵州是我国苗族聚居人口最多的省份，其中又以黔东南苗族侗族自治州的人数为最多。然而，进入黔东南州的苗族人历经颠沛流离，又长期居于荒蛮封闭的崇山峻岭中，他们的经济状况如何得以"厚重"？而且黔东南地区自古就非白银产区，既无内部繁荣的市场贸易，又无天然矿产优势，苗族人盛装的银饰到底从何而来？

要弄清楚这些问题，得回溯到明朝时期。白银并非自古就是流通货币，自汉唐开始逐渐进入流通领域，直至明代才开始盛行，正式成为市场上的主要流通货币已经是清朝。明永乐十一年（1413年），朝廷在贵州设置承宣布政使司，贵州由此开始作为省一级行政单位出现在中央王朝的版图之中。此时，正是白银开始盛行的时期。

明清两朝时的征粮纳税，乃至后来民国田赋，都使用白银作为指定货币。贵州原本用盐作为一般等价物，或者以物易物进行交易，亦逐渐被白银替代。同时，随着明清时期对苗疆政策的逐步开放，以及军屯、商屯在苗疆的出现，苗族与外界的物资交换和交流也逐渐丰富，白银作为流通货币，逐步进入苗族聚居区。

当然，以日常生活交易的维度来考量，黔东南地区的白银流通量并不见得比贵州其他苗族聚居区更多。真正使此地积累了大量白银存量的是木材贸易。

得益于清水江中上游的地理位置，黔东南地区天然拥有丰富且质量上乘的木材资源，尤其是现在的剑河、锦屏、黎平、天柱地区，是当时林产区的中心地带。明朝初年，朝廷为修筑宫殿，还将该区域的木材纳入“皇木”的采购范围，直到清中期仍在持续。除了皇家征办，来自安徽、江西、陕西等地的私营木商也陆续进入清水江流域开展木材贸易。清雍正年间，贵州巡抚还在黔东南锦屏县内设立木市，专门管理清水江一带的木政，可见当时木材贸易的繁盛。

虽然无法确切统计当时木材贸易带来的白银总量，但白银在此时大量流动的事实，可以从近代发现的诸多契约文书及相关史料中得到证实。据《清水江流域林业经济法制的历史回溯》一书记载，“明、清之际，锦屏、天柱以及黔东南所产之杉木，已成为远销省外的重要商品。从清代锦屏每年木材交易金额达数百万两白银……”通过这些数字，可一窥当时白银流量之巨。

木材贸易给黔东南地区带来了大量白银流入，加上苗族内部商品经济并不发达，白银货币在这里逐渐积累和沉淀下来。

穿戴于身的货币

为什么坐拥大量白银，苗族人却不热心于购置房产、买卖物品等活动，而是将其做成饰品穿戴在身上呢？这一问题也曾引起外界诸多讨论。实际上，以货币作为服装配饰，在中国，尤其是中国西南部少数民族区域由来已久，贵州中部云雾山区的“海贝苗”就是典型的例子。远离海边的山地苗族人将用来交换的海贝当作装饰点缀在衣服上，以此为美。除了海贝，其他稀缺、贵重且具有交换职能的物品也曾被用作配饰，出现在西南少数民族的服装上，这与清朝时期极爱用铜钱作装饰品的习俗有异曲同工之妙。

与海贝、铜钱一样，白银被用作装饰品并非偶然。一方面，它曾在一段时间内承担了货币的职能，将其穿戴在身上是财富的彰显和富贵的象征。清同治年间徐家干所著《苗疆见闻录》里写道：“喜饰银器……其项圈之重，或竟多至百两。炫富争妍，自成风气。”在贵州当地重要的节日里，如姊妹节、芦笙节等，穿戴全套银饰盛装的姑娘往往能站到最前面。可见当时这些财物的“夸富”功能。另一方面，崇尚“万物有灵”的苗族人认为，能充当交换媒介的货币同时具备与神灵沟通的能力，是“通灵”之物。海贝就曾被学者论证具有“占卜之用”，因此，将其挂在身上能驱邪避害，得到庇佑。苗族人大量以白银作为装饰的意图，大概也在于此。

白银货币的银饰化，也与其自身特征有关。有人认为白银货币的银饰化一定程度上是受苗族家庭财产继承制度的影响。苗

黔东南清水江流域的苗族有穿银衣的习俗，银衣片是银衣的主要饰物。银衣片分为主片和配片，主片用来装饰衣摆、衣背等主要部分。主片上的压花纹饰图案精美，内容丰富多彩，主要有龙、凤、虎、狮、仙鹤、锦鸡、植物、罗汉等形象，还会有仙女下凡、八仙过海等神话故事的场景。

龙形银项圈。图中龙沿项圈的形制延伸，中心则为二龙所戏的宝珠。苗族文化中的龙和汉族文化中的龙是有区别的，银饰中多见的苗族龙有双头龙、牛龙、鱼龙、鸟龙、蛇龙、鸡头龙、蚯蚓龙等。龙与其他花样、动物搭配十分常见，是具有“寻常性”的龙。不过，苗族在历史发展中受汉文化影响，其银饰纹样也吸收了许多汉文化元素，如图中的二龙戏珠。摄影 _ 李贵云

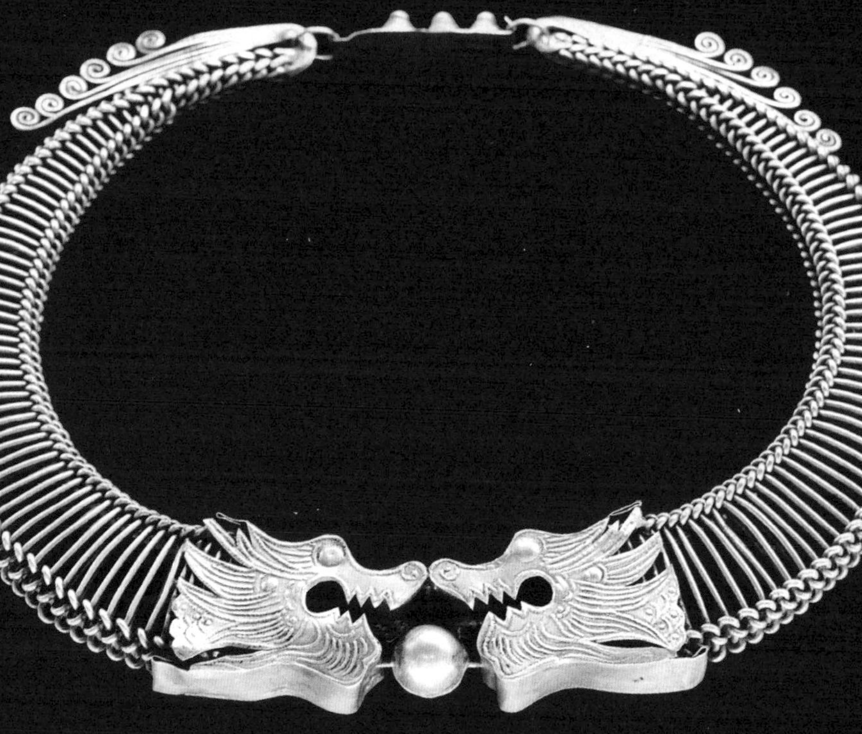

银胸牌。黔东南银饰的瑞兽纹样中，龙纹、凤纹十分常见。龙多运用于银角、项圈、手镯等显著的装饰之上。摄影 _ 李贵云

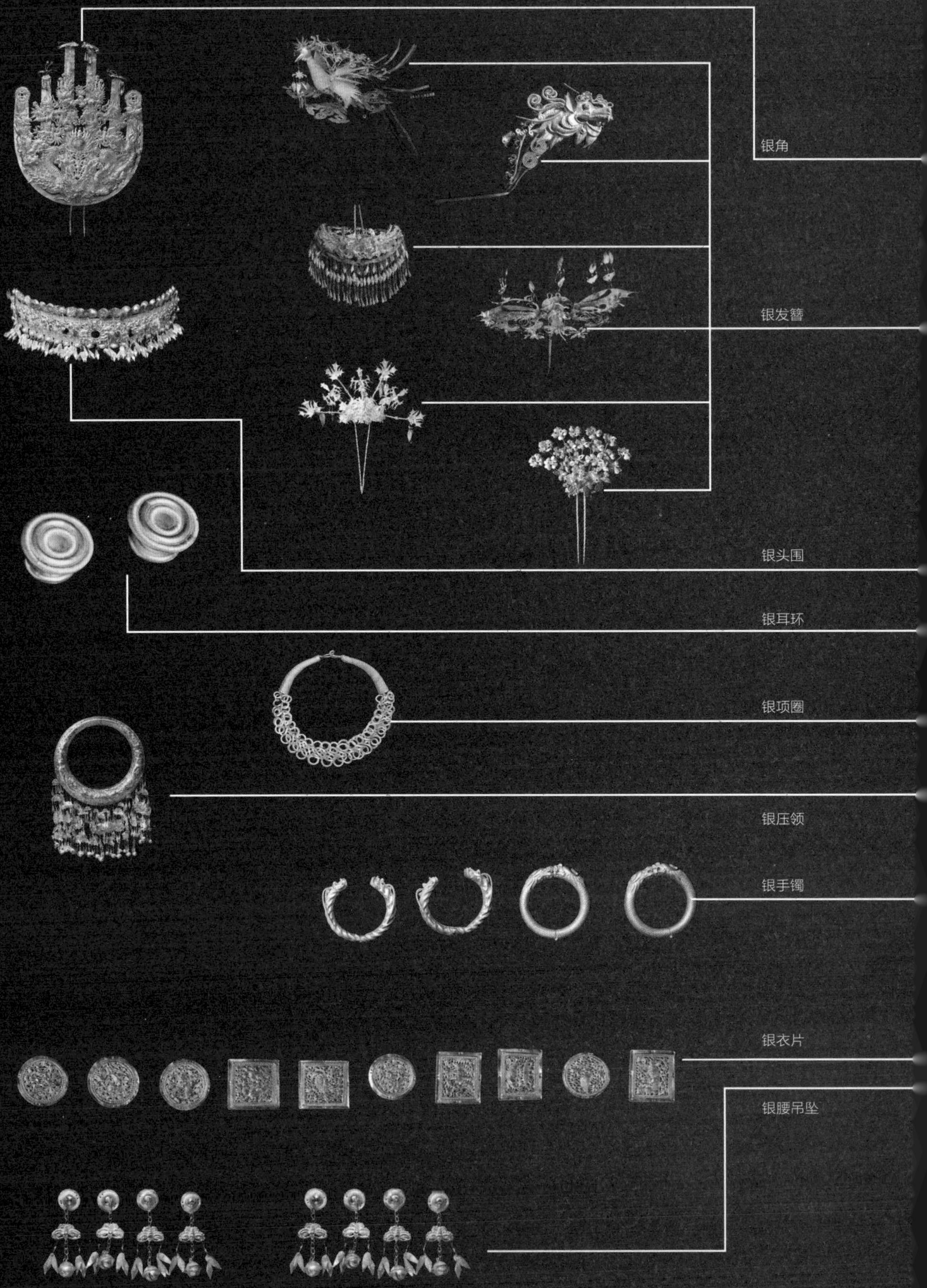
银角
银发簪
银头围
银耳环
银项圈
银压领
银手镯
银衣片
银腰吊坠

每一个苗族支系的银饰都不尽相同，甚至支系内部也略有差异。施洞地区的苗银以“盛”为美。以图中服装为例子，该套“盛装”根据不同佩戴部位可分为六大类十一个小项，主要包括：头饰（银角、头围、钗、簪等）、颈胸饰（项圈、压领）、肢饰（手镯、戒指）、耳饰（耳环）、衣饰（衣片）、腰坠饰（银腰吊饰）。一直以来，苗族都有通过佩戴“盛饰”来彰显富裕的观念，同时“盛饰的佩戴——富裕的生活——辛勤的劳动——优秀的品格”的思维逻辑在黔东南苗族地区得到普遍认可，所以家庭、族群的“财富”与“品格”绑定在一起，通过“盛饰”得以体现。

雷山县苗族银匠李正文（省级非物质文化遗产传承人）制作的银饰佩件。相传在远古时代，鸟曾给人类带来了火种和光明。鸟是黔东南苗族银饰上常见的图案纹样，用鸟图腾制作的银饰被认为具有避邪的作用。黔东南凯里、黄平、麻江、雷山等县的部分苗族人以鸟作为其氏族象征符号。摄影 _ 陈沛亮族男子依照传统能继承房屋、田产，而对于没有财产继承权的女子，家人就用白银做成饰品送给她们做嫁妆，以平衡其财产继承的缺憾。也有一说认为，白银作为重要的家庭财富，做成饰品更易于携带和保管，且不用担心火灾的发生，是以将白银穿在身上。

无银无花，不成姑娘

黔东南苗族人对银饰的推崇，如今已发展到“无银无花，不成姑娘；有衣无银，不成盛装”的地步。苗寨里的姑娘一身银饰盛装，饰品可达半人高，部件多可达数百件，重逾二三十斤。这一身繁复的盛装银饰，承载了丰富而生动的苗族历史与文化。以全身最夺目的银饰——大银角为例，水牛角造型就蕴含了水牛在苗族社会生活中的重要地位。

在未进入以货币进行交易的社会之前，苗族人以耕地的水牛作为以物易物的媒介，水牛是社会财富的象征。而在以耕种水田为主的苗族社会，水牛也是生产力的重要体现。此外，水牛还是一种神圣的存在，在重要的祭祀活动中，往往要屠牛来敬拜祖先，这样的风俗在黔东南一些苗族村寨里保持至今。水牛既在苗族人的生活中占据特殊地位，水牛角作为其典型特征，便被运用到苗族银饰的各种造型和纹样中。

除了水牛角，蝴蝶妈妈传说里相关的人与物也是苗族银饰造型的重要素材。苗族古歌里说，世间万物的始祖蝴蝶妈妈由枫树心孕育出来后，水上的泡沫“游方”交合，生下12个蛋。后来经鹡宇鸟孵化，12个蛋中分别生出姜央、雷公、龙、虎、牛、象等12个兄弟。这段传说里的典型元素，如蝴蝶、龙、枫叶等，被广泛运用到苗族各类银饰中，成为苗族纹样和造型的创作源头。不仅如此，苗族的民族历史、宗教信仰也被外化成图案和造型，并通过穿戴在身上的饰品展示出来。

这些银饰经过几代苗族人的不断传承和丰富，成为苗族鲜明的服饰特征和民族标志。与此同时，随着与外界交流日益丰富，苗族银饰也不断吸收外来文化，呈现出时代性特征。例如各地苗族银饰上的八仙、罗汉、狮子滚绣球、二龙戏珠等纹样，都不同程度吸收了汉族银饰的特色和工艺。银饰品与现代设计的结合也越来越普遍，银饰的种类和样式除了体现苗族本族文化特色外，也融合现代审美需求，日渐丰富起来。

苗族民族学者杨正文在其著作《苗族服饰文化》中曾写道：“在苗族服饰中，除了湘西凤凰、花垣等地的银饰可以媲美之外，其他地方远不及清水江流域。”这句描述或许可成为黔东南州苗族银饰种类之多、工艺之精的最好概括。

银手镯。在黔东南地区苗族银饰中，手镯是一个重要的组成部分。不同类型及风格的手镯反映出不同苗族分支与地域性的审美差异。不仅手镯的风格、花纹、工艺形式多样，不同地区苗族人佩戴手镯的方式也不同，如从江地区以五对为套镯，在腕肘之间有序排列，施洞地区则没有定式

摄影 _ 秦刚

黔东南

風

GENUINE
SOUTHEAST
GUIZHOU

風

撰文 张晓松 摄影 旷惠民

「枪手部落」的持守与变迁

来自岜沙的田野再报告

当我们再一次回到这里，仿佛回到久别的家园。

——作者田野笔记

岜沙在今天的中国旅游版图上，可算是赫赫有名。“枪手的部落”已成为她的代名词，荣登“中国传统村落名录”，在当地政府的各类旅游宣传材料里，岜沙的名字总是一马当先。人们如潮水般纷至沓来。每逢旅游旺季，岜沙总是会出现游客“井喷”现象。当地人自豪地说：“岜沙是贵州民族文化的一张靓丽的名片嘞。”

十八年前，公元1998年，我第一次进入岜沙，在那里做了两年的田野考察。2001年，《华夏人文地理》刊载了我和摄影家卢现艺的《枪手的部落：岜沙——来自一个苗族聚落的田野报告》。之后，我们便见证了媒体时代的无所不能：岜沙这个曾经鲜为人知的苗族聚落，几乎在一日之间闻名天下；岜沙遭遇了媒体时代，而我无意中做了最初的传播者。从此岜沙便被强烈地关注了，她那神秘的面纱被图片、文字和影像一点点揭开，岜沙鲜明而独特的文化影像吸引了成千上万的人。在全媒体时代，岜沙已无可逃遁。在现实面前，岜沙人为了生计，调整生存策略，选择抓住机遇，从此走上与旅游相生相伴的变迁之路。十八年前的一代岜沙成年人正渐渐老去，当年的岜沙孩子已经成人，新一代岜沙人陆续出生和成长。今天，我们再次回顾和捕捉岜沙身影的点滴，考察变迁中的岜沙。

文化是被讲述出来的。为了尊重岜沙的文化习俗和文化隐秘，在当年的文章中，我们采取了诗意的笔触，以寓言的方式讲述岜沙人的故事。但也许恰恰是这种诗意和寓言，激发了外部世界对于岜沙这个古老村寨的好奇。

文化讲述如何对一个乡村的内部社会产生影响？十八年来，我一直在观察岜沙人是如何跟随写作者的讲述，把自己的乡村变成了大舞台，以表演的形式，把自己展现给外来的游客；同时，岜沙人也许会从自我的表演中，重新审视和发现自己。

我曾经十分担心自己的讲述和岜沙人的乡村表演，可能会对岜沙赖以生存的文化造成冲击和危害，但随着时间的推移，我发现，聪明的岜沙人，通过巧妙地选择和调适，只是向他人展示了自己文化的某些影像，他们更加真实的内部生活秩序，仍隐藏在密林深处。文化的自由和文化权利属于文化创造者和拥有者们自己，这让我们深感庆幸。

寻找岜沙如画的风景

在岜沙，层峦叠嶂的山脉、茂密幽深的森林、蜿蜒层叠的梯田、鳞次栉比的吊脚楼群相伴相生，构成了一幅幅如诗如画的风景。游客们进入岜沙，无不被她那古朴而奇崛的景致所吸引，这给了岜沙人开展观光旅游的机会。手机时代，人人都是摄影家，于是，旅游活动的主要任务就是拍摄。画家们也常常来此临摹写生，电影导演们喜欢把这里作为影视拍摄场地。岜沙人必须习惯处处被人观赏和拍照，因为梳着“户棍”，肩扛猎枪，穿着亮布，穿行在山林和田野中的岜沙人是那样的与众不同，吸引眼球。

岜沙人以万物有灵的信仰建立起与自然的亲密关系，这也使得岜沙的一切景物都蒙上了一层神秘的色彩。他们把自己的寨子比作一匹马，马头上生长着许多大枫树，是村寨的风景林，老寨就是马的右前腿，宰藏寨是马的左前腿，宰戈新寨是马的右后腿，大榕坡新寨是马的左后腿，王家寨就是马的屁股，还有那森林中若隐若现的神秘芦笙坪。岜沙人相信，这里的每一棵大树都住着祖先的魂灵，越是古老的树木就越有灵性。岜沙马头的山顶上那株千年香樟，被视为林中大神。自从它被砍下后，岜沙人为余留下的树根立碑祭祀，并修建了一座凉亭为它遮风挡雨。这一切都深深吸引着外来的游客，就连凉亭中的树桩也被无数双手抚摸，变得黝黑光亮。

枪手的部落岜沙，作为现代文明的鲜明对照，已经成为“净土”“神秘”“原始”等意象的代名词，岜沙人世代传承的习俗与信仰被用来制造大同小异的戏剧效果：枪不离身的男人、古代武士的装扮、崇拜太阳的部落、奇特的成年礼、爱护树木的传统、生死轮回的观念、神奇的祖母石……这一切都构成了岜沙令人神往的奇妙风景。

岜沙大舞台

岜沙出名了，开始搞旅游。2002年，县旅游局的领导来岜沙，帮助他们建起“苗族风情表演队”。起初，表演队只有20多人，以火枪队为主，女孩子很少，表演节目也很简单。后来，县文工团的老师帮助他们进行了专业的编排，节目多了，队伍也增加到60余人，最多的时候有80多人。表演队的男队员从十几岁到四五十岁不等，女队员大多是十七八岁的女孩子。岜沙女子一般20岁左右就出嫁了。每年都有不少女孩子嫁人，也有些女孩子出去打工，表演队中的女队员就像风一样来来去去。

如今，岜沙成了一个大舞台，村寨里的一切景物都是舞台的背景，舞台上的表演者是岜沙人自己。岜沙人之所以要表演，当然是因为观光旅游能为岜沙带来持续不断的收入，尽管收入并不多，但毕竟每人每天都有十几二十元的现金进账。关于岜沙是否应该收门票、收多少这件事，曾经引起很多争论。一些人认为，一个收门票的村寨，那不是见钱眼开，不自然、不亲切了吗？但岜沙人认为，我们敞开大门让游客进来看风景、看表演，当然应该收费。况且，这也是岜沙最主要的一项收入来源。于是，他们一边种田，一边表演，一边收门票。但是不能太贵，得让游客出得起、愿意出，一人30元。收来的钱按劳取酬，人人有份，公平分配。

岜沙男人是被游客围观的主要对象，而岜沙男人不怕被围观。岜沙社会仍保持着男主耕作狩猎、女主生育染织的古老分工。男人耕作技术高超，还特别擅长撵山狩猎，平日里猎枪从不离身，爬山上树如履平地，衣食住行均取之于山林河谷，与大自然相伴相生，融洽自得。岜沙男人作为部落精神最杰出的体现者，枪手们就在寨门前迎接游客，一阵鸟枪鞭炮之后，游客们在惊呼声中，被乖乖地带进了密林中的村寨，开始他们的观光之行。

“户棍”是岜沙男性的象征。它让许多人联想到西安秦始皇陵中的兵马俑，很有些来自远古的味道。用镰刀剃掉男性头部四周大部分头发，仅留下头顶中部头发盘为鬏髻，即成户棍。由于镰刀剃头仪式所具有的特殊而神秘的意义，剃头也成为经久不衰、永不落幕的代表性节目。每次表演都需要剃一个头，为了确保表演时总有头可以剃，于是规定，凡是参加表演队的男人，都必须梳起户棍，轮流表演镰刀剃头。这样一来，岜沙寨上随处可以看到梳着户棍的男人。一些领导和专家对此感到很满意：“嗯，岜沙的传统文化保存得很好哇！”

岜沙人为游客设计了一条旅游线路：先是火枪队在寨门前列队迎接来客，并鸣枪告示祖先及四方神祇；然后向各种大树致敬，并拜见那个著名的树桩；拍照留念后，引导游客曲折地穿越村寨，欣赏禾晾架、谷仓群和吊脚楼；最后，渐渐走入藏在森林中的芦笙坪。在芦笙坪上，岜沙青年男女用熟练而又夸张的动作表演芦笙舞、斗牛舞、镰刀剃头以及歌舞《岜沙汉》。《岜沙汉》是州歌舞团老师帮助编导的歌舞，那年在州芦笙节上获得大奖，从此成为岜沙寨的保留节目，男男女女都会跳。最后，邀请游客来一个“团结舞”，旅游到此结束。如今，这已经成为岜沙人职业生活的一部分，游客们也习以为常，岜沙大舞台上，天天上演同一套路的节目。

衮元亮的明星生涯

衮元亮的名字与岜沙一样响亮。他的成名始于我的田野报告《枪手的部落》中“火枪队长衮元亮”的故事。文中，我们用寓言的方式，讲述了他与火枪的故事。此后，这个寓言就成为衮元亮的身份，岜沙男人的枪，也随之成为岜沙的象征。岜沙也成为据说唯一一个得到政府批准男人可以持有鸟枪的村寨。

那时候，衮元亮还很年轻，身材矮壮，成天扛着杆枪跟着我们跑来跑去。卢现艺要给他拍照，说：“摆个姿势，威武一点。”于是，衮元亮就拉开架势，把枪扛在肩上，双手叉腰、昂首挺胸，一副器宇轩昂的架势。照片发表在《华夏人文地理》上，从此，衮元亮的形象就定格成永恒的模样——无论谁给他拍照，他都是器宇轩昂地一手扛鸟枪，一手叉腰间，目光炯炯、充满希望地仰望着远方，很豪迈，很岜沙……后来州歌舞团的老师给岜沙人排演的舞蹈《岜沙汉》，豪迈的音乐、豪迈的动作、豪迈的酒坛、豪迈的枪手造型，灵感一定是源于衮元亮的架势。

岜沙成立了“苗族风情表演队”，衮元亮当上了队长，旅游团、考察团、新闻采访团络绎不绝，其中还有外国人。岜沙变成了名副其实的旅游区，几乎每天都有表演，衮元亮忙得不亦乐乎。他把家里的农活交给老婆和女儿，带头走上了旅游致富之路。

每逢旅游团到岜沙，县城里的导游会提前一两天通知衮元亮做准备，他再通知村里

被媒体与游客关注的岜沙已经与过去不同，大批的岜沙青年人走南闯北外出打工，他们思想观念的变化影响着岜沙的未来。

芦笙节上的岜沙人穿起了传统服饰。服饰上的特殊符号记载着艰辛的族源史、战争史、迁徙史；土布是女人们在梯田间搭灶烧水印染的。这种布料质地细密，经久耐磨，防水性好（上图）。宰庄是岜沙苗寨的发源地，保留了很多百年以上的老木屋。2007年9月，一场突发大火让整个村寨化为灰烬。这一年的12月，在大火中失去了传统苗服的村民围在户外篝火旁烤火，他们不愿意去参加芦笙节活动（下图）。

各家各户。州里的移动公司让衮元亮做他们的文化大使，特意给他配了一部手机，还在家里装了部“移动座机”，大大方便了信息的传递。表演队每场表演收费400至600元，村委会从中提取10%，其余按实际参与表演的人数均分；也就是说，每表演一场，每人大约可分得6~10元钱，一天的收入以表演的场次决定，旺季最多可以表演十几场，淡季也许一场也没有。冬季里到岜沙来的旅游团少了很多。2005年春节过后，火枪队的衮拉旺将60多个岜沙人带到了千里之外的海南岛，在槟榔园表演。但是三个月之后，岜沙人说“想家了”，于是又纷纷返回岜沙。

岜沙乡村旅游的升级版始于2004年。那年，陆续有人到岜沙开办旅馆和农家乐，衮元亮观察了一下，发现民居旅馆可以长期收益，不必天天风里雨里去表演，挣的钱还要多。黎平机场开通时，衮元亮带领岜沙风情表演队去表演，顺便去了趟肇兴侗寨，参观那里生意颇为兴隆的乡村旅馆。

于是，衮元亮开始了自家民居旅馆建设的创业工作。建房用的木料来自自家的林子，但人工费和旅馆设施要用钱。他也曾想过到广东打工，但一算账，还不如留在村里合算，于是放弃了外出打工的念头。从县农村信用社贷款1万元后，衮元亮家的旅馆就动工了。游客晚上住宿一定要洗个热水澡，水是个大问题。找水源这件事，县上主管部门的领导和专家研究了很多次，岜沙终于在2006年通上了自来水，水是从对面很远的山上引来的。通常，到岜沙的旅游团跟着导游，在寨子里转一圈、看完表演就走了，所以衮元亮主要接待的是背包客。背包客们一般都喜欢“穷游”，住一晚上只花三五十元钱。因为住宿游客不多，淡季几乎没有客人，收入少，外面人来开的旅馆都倒闭了。但是，衮元亮不怕，他知道，那些外面来的人，不懂岜沙，更不像他这么有知名度，认识的朋友多。衮元亮盘算着，十来个房间的旅馆，楼下开农家乐，运气好的话两三年就能把本钱收回来。衮元亮又积极报名，到县城参加了半个月的“农家乐厨师培训班”。回来以后，家里炒菜就改由他负责了。

天有不测风云，衮元亮的儿子衮水元在连续发了一个多月的高烧之后，被医院确诊为白血病。这消息犹如晴天霹雳，让衮元亮一家立即陷入危机之中。他带着儿子四处求医，最后住进省城贵阳的医院里。白血病的治疗需要巨额费用，为了给儿子治病，衮元亮花光了辛辛苦苦积攒的钱。有好心的驴友帮着他在网上发布消息，为他争取社会捐助，但最终病魔还是夺走了儿子的生命。衮元亮经历了中年丧子之痛和因病致贫的人生大逆转，也体会到命运的无常。但生活还要继续，岜沙的旅游仍要进行，衮元亮平淡地接受了现实。如今，他仍然每天在村里忙碌着接待客人，参加接待游客的火枪队表演。他的二层楼民居旅馆已经盖好，家里不时住着一些背包客，住一晚交30元钱不嫌少，交50元钱不嫌多。日子就这样一天天过下去。

少年王吉甩

世上的事总是有着某些奇妙的巧合。2007年，16岁的岜沙少年王吉甩被选中，上了湖南卫视的一档“真人秀“节目——《变形记》，后来又被选中拍了电影《滚拉拉的枪》，因此成名。犹如当年因《华夏人文地理》中《枪手的部落》一文而走红的衮元亮，这个大男孩命运的轨迹中也因此增添了一段波澜。

王吉甩1991年出生，家中父母双全，有个妹妹。他在《变形记》里代表贫困山寨中的孩子，跟广西北海市的富家子弟陈俊伟交换了彼此的角色。在陈俊伟家，阿吉看到陈家的狗吃的是上好的新鲜肉，心灵遭受巨大震撼。他哭了，哭得痛彻心扉。记者采访他，他说：“在我家，狗是守门的，只能吃剩饭剩菜。我们寨上吃肉要么在杀年猪的时候，要么在有婚丧嫁娶、节日庆典的时候，平时很少吃肉。”吃肉这件事，让这个少年痛切地感受到了贫穷与富有之间的鸿沟：“他们真有钱，我家什么都没有……”阿吉回忆，《变形记》中，广西北海的“父母”对他还不错，初中三年的学费、生活费是北海的爸妈提供的，还买了很多书和文具给他，他也把这些东西分给寨上的小伙伴们。

《滚拉拉的枪》在岜沙拍摄，王吉甩再次幸运地被选中，饰演男一号滚拉拉。这部电影借滚拉拉为了举行成人礼，外出寻找父亲和想要拥有一杆枪的经历，讲述了苗族少年的成人故事，颇具象征意味和仪式感。但王吉甩和岜沙人对这里面的深意并不了解，也不在意。电影中的滚拉拉从小与奶奶相依为命，从未见过自己的父亲，他不止一次问奶奶“爸爸在哪儿”，但奶奶总是支支吾吾搪塞过去。眼下他已年满15岁，即将举行成人礼，而要成为岜沙男人，必须得有杆枪。按照岜沙规矩，枪由父亲相赠，但他从未见过父亲，家里也拿不出500元制枪费。于是，他只身外出寻找父亲。途中，他遇见了好友贾古旺，不料贾古旺遭遇横祸，不幸罹难。滚拉拉埋葬了好友，想着好友还没举行成人礼就离开了这个世界，心里黯然。为了让孙子成人，奶奶卖掉一生积攒的银饰，为他买了一杆枪。当他拿到枪，却没有父亲为他举行成人礼。直到这时，他才知道原来自己是个弃儿……

像其他的岜沙孩子一样，王吉甩一边上学，一边与小伙伴上山看牛打柴、下田捉鱼薅秧，日出而作，日落而息。而在电影拍摄期间，他跟着剧组生活了三个月。在导演的安排下，王吉甩穿梭在电影剧本的故事情节和不同场景的转换之中，又随着镜头的不断重拍，戏里戏外来回穿越。这位岜沙少年，剧组的男一号，在自己的寨子里，长时间地与“他人”生活在一个“远离”岜沙的陌生人的世界里。

电影封镜，阿吉拿到了3000元钱，他和家人都觉得挺值。后来有人开玩笑，对他说：这部电影要是火了，你起码能赚几十万片酬呢！阿吉觉得这像是天方夜谭。2009年，《滚拉拉的枪》入围柏林电影节展演，阿吉随剧组坐上国际航班去了柏林。走上红地毯，无数闪光灯唰唰唰照了他一把，很多人找他合影签名。对于柏林的印象，他只记得那边出租车都是奔驰，城市的建筑跟中国不一样。柏林电影节结束，王吉甩回到寨上，做回岜沙少年人。

在《变形记》中交换生活的孩子，人生观都有了很大改变。但事实证明，受益最大的还是城里那些子弟。他们亲历了贫困生活，懂得了富裕是怎么回事，学会了珍惜，也愿意好好学习，听父母和老师的话了。从此，他们人生的道路将会相对平稳，也解决了父母希望“浪子回头”的心结。15岁的深圳初三学生易虎臣，上《变形计》之后，迅速有了两百多万微博粉丝，还开了一家淘宝店、两家影视公司、一个苹果专营店；几年之后，他的影视公司推出了一部网络剧和一部微电影。王吉甩也申请了微博，而且是两个，一个在腾讯，一个在新浪，名字都是“王吉甩”，但因为不会用，也不怎么会写，只发过两条微博，到后来连密码也忘记了。他不知道微博其实是要经营的。他两个微博的粉丝加起来有上千人，与易虎臣的两百多万粉丝相比，确实不在一个量级上。

像大多数的岜沙孩子一样，初中毕业后，“繁华落尽”的王吉甩到了深圳，在橡胶厂打工，上十二个小时的班“很正常”，拿深圳的最低标准工资——1808元。对于这个贫困家庭的孩子来说，不外出打工就难以谋生，将来家里盖房娶媳妇的钱全靠打工一点点积攒起来。因为不再读书，阿吉也不再与北海的“父母”联系了。有记者采访王吉甩，问他对于未来有什么计划，王吉甩回答：“没什么计划，找一份稳定的工作，平时打工挣钱，年底回去过年。”关于自己和城市孩子生活的区别，阿吉淡淡说道：“他们有他们的生活，我们有我们的生活……”

秋收季节，岜沙的青年人结伴相帮给各家收谷子，晚上就在主人家喝酒、吹芦笙、“闹姑娘”，收完了谷子还要过芦笙节、荡秋千，快乐的节期也是寨上男女青年游方的时节。阿吉这样又演过电影，又上过电视，又出过国，又是大明星的帅小伙是姑娘们争相爱慕的对象，不愁娶不上媳妇。对于未来，阿吉并不去做非分之想，“岜沙现在比城市里还开放许多呢”。

行走中的岜沙

陪伴岜沙走过十八年的岁月，见过许多的生老病死喜怒哀乐悲欢离合……那些令人激动、开心、快乐或尴尬、难受的一幕一幕如在眼前，成为我生活中的一部分。跟山民们在水田里捉鱼，在田坎边烧了，就着盐巴辣椒野菜、米酒和糯米饭，那叫一个香。坐在古树下烧洋芋唱古歌，这样的生活让人痴迷，渴慕着回到岜沙的田野里去……后来我在文章里写下一句话：“每一次回到这里，仿佛回到久别的家园。”这是肺腑之言。

岜沙的生活就像一条永恒的河，从过去走到现在，还将永不止息地一直走向未来。在外来文化的不断冲击下，岜沙也像封闭在贵州大山深处无数的文化孤岛一样，不可避免地受到了种种冲击。在旅游井喷时代，在城镇化的巨大浪潮中，外来的观念和生活方式不断冲击着她，岜沙已经开始了历史的、必然的、史无前例的大变化。岜沙的年轻人已与父辈衮元亮们完全不一样了。他们更易于接受现代生活方式，更愿意追求时尚和新的东西，比如手机和微信。他们坐着大巴出外打工，也许会开着自家的小车回到寨上。他们中有人上了大学，也有人在外地娶妻生子，成为城市农民工的新二代。作为世代居住在月亮山和都柳江流域中的一个苗族支系，面对拥进村寨、浩浩荡荡的海内外游客，面对现代社会日新月异、令人目不暇接的变化，岜沙人仍以淡泊的态度，从容应对，并在这些变化中，面向大山，面向山林，面向世界，努力抓住每一次生存和发展的机会。

而祖先传下来的规制和生活习惯，是千百年来族群保存的精神支柱，演递成他们对待生命循环往复、不断幻化重生的独特理解，从容面对未来不可预知的一切……

1994年10月，王家寨的男人们在休息时用小刀具互相剃头。这在当时是岜沙常见的生活场景（上图）。岜沙旅游开发以后，男人们开始用大镰刀表演剃头。一些传统的生活习俗被编入旅游表演节目中（下图）。

被媒体宣传为“中国最后的枪手部落”后，岜沙村里组建了表演队。在2007年春节，他们接待游客1600多人，最多一天可表演节目6场。2014年国庆长假，岜沙景区接待游客突破了6万人次。现在，岜沙村里有4支表演队，很多女孩子也参加了芦笙舞表演。

1994年2月，滚拉水（上图中）每天都会带着滚家小弟兄们在村子里玩耍。那时的岜沙很少有人读过初中。2002年春节，在外打工的滚拉水（下图中）回家结婚后就再没外出。他说，没文化没技术，在外只能干些体力活。2006年9月，滚家小弟中有三人在县里读高中。

20世纪60年代，岜沙寨的老人们因为怕破坏风水，拒绝321国道通过村寨。自2009年2月开始，岜沙人陆续自发集资50万元，租来大型工程机械，修了8条通往山间梯田的简易公路（上图）。截至2013年12月，岜沙村民累计购买了340多台三轮摩托车。三轮摩托车彻底改变了岜沙人原来依靠肩担手提的原始劳作方式，已成为他们交通运输和农业生产的重要工具（下图）。

1996年9月，王家寨的王金响（左图左前一）和王你早（左图右前一）在岜沙小学上二年级。每当寨子里有聚餐活动，他们就会围在铁锅旁等待分发食品。2007年2月，王金响（右图左二）和王你早（右图右一）已是21岁的小伙子，他们先后在多地打工。如今，岜沙人家安装了卫星电视信号接收器，收看电视节目。

1992年11月，30岁的吴格丢身材高大魁梧。那时的他已是四个孩子的父亲，家里一年收入不到300元（左图）。2014年底，吴格丢的女儿吴叶格带着自己6岁的女儿回到岜沙老家看望父母。吴叶格2007年在广东打工时遇到了湖北籍男友，结婚后定居湖北襄阳。吴格丢穿起了西装，可是他说自己变老了（右图）。

1989年10月，岜沙汉子吴老里从苗岭出发，步行8公里，到从江县集贸市场出售柴火。他身穿黑色土布衣服，宽大的直筒裤，犹如从远古而来，英俊神武（左图）。2009年，吴老里开始外出打工，多年的繁重劳动给他留下了不少伤痕。2013年4月，他拖着疲惫的身体回到岜沙，重新在梯田里播种糯禾（右图）。

如今，岜沙青年人广泛接触外界，向往时尚、快节奏的都市生活。回村时，
大家经常聚集在村头，讲述自己在城市里打工生活的经历。

岜沙有500多人有过在南方城市打工生活的经历。每到春节，在村口可以看见身穿时尚服饰的青年人聚会喝酒。他们希望春节过后早日回到城市，开始新一年的生活。

苗族在迁徙路上选择了远离平原的山区定居下来，在这个相对封闭的环境里自给自足地生存千年。封闭也让苗族很多古老的生产、生活方式得以保留。随着旅游业的开展，近十年，岜沙新建200多栋宽敞明亮的新居，每年村里会有一些新商店、旅馆客栈开业。

龙额与『龙人』

風

撰文 李丽 摄影 陆宇堃 等

一

去龙额之前，我对她已然有很多想象。

想象部分源于去过的那些侗寨：标志性的鼓楼和风雨桥，贯村而过的清浅溪流，楠木与南竹繁茂的山，层层叠叠的梯田，斜挽发髻、身穿月白衫子的少女，背着孩子捣衣染布的妇人，以及动人心魂的侗歌……

但更多的想象来源于张传辉。这个高中毕业就去珠三角打工的年轻人，2010年返乡，两年后成为我在公益组织的同事。他说起龙额的时候，脸庞和眼睛里闪动的光彩，还有那些故事，让我颇为惊异和好奇——这个南部侗族地区并不太知名的村寨，是如何滋养自己的子弟，令他们在经历了东部城市的繁华缤纷之后，仍然对她怀有这份真挚的热爱？

因为，即使是在那些美名远扬、游人纷至的侗寨，这样的村寨故事仍然是罕见的。早在2006年，电脑和网络在贵州乡镇还是稀罕物的时候，龙额村的青年张传林就创办了“龙额风情网”，记录和上传龙额的传统文化和村寨变化。这个网站被许许多多在外学习、打工的龙额人称为“龙网”，所有的会员自称“龙人”。

2009年，在广东打工的张传辉受“多背一公斤”的启发，借助“龙额风情网”发起公益助学活动，为家乡的贫困孩子筹集助学金，得到众多“龙人”的热烈响应。2010年，9位助学活动的核心成员给了自己一个名分——龙额侗寨公益团队。而为了跟进团队活动，传辉从广东返乡。

2012年，大学毕业的张传高辞去某基金会的工作，回到龙额做月收入不足2000元的代课教师，业余时间全部用来收集龙额老照片和老照片背后的故事。

传林、传辉和传高，是三兄弟。

二

2014年春节，大年初八，我的第一次龙额之旅终于启程。

龙额地处贵州、广西和湖南交界地带，距

离省会贵阳约400公里。汽车沿启用不久的厦榕高速公路疾驰近四小时，拐进曲折的盘山路后又开了将近两小时。同行的同事突然说："想象一下，在没有开通高速公路的时候，这地方要走出去真不容易。"

我的思绪瞬间被拉扯得很远。历史记载中，龙额是侗族祖先溯都柳江由鄂入黔的居住地之一。这漫长的西迁之路，人们披荆斩棘，筚路蓝缕，扶老携幼，且歌且行，追寻梦想中的家园。没由来地就想起"所谓伊人，在水一方，溯洄从之，道阻且长"。

多少世代之后，龙额再次涌动了迁徙潮——作为黔地东门户，龙额比贵州大部分村庄更早卷入"打工潮"。从20世纪80年代起，龙额的年轻人纷纷南下，目的地是珠三角的城市。这一次，没有披荆斩棘，只需要一张单程的大巴车票；也没有扶老携幼，老人和孩子大都留守村寨。而传辉们追寻梦想家园的旅程，依然是"溯洄从之，道阻且长"。

我们在夜幕降临时分抵达。一下车，就看到一条坑坑洼洼的大路，两旁立着瓷砖贴面，高低、款式不一的各种水泥楼房。临街的铺面，不时有霓虹闪烁；铺面间隙，看得见背后的河水曲曲折折流向远处，河道两侧布满显眼的垃圾；时而有沉重的工程车呼啸而过，掀起呛人的灰尘。

直至从街道的一条岔道拐进村庄，那个屡次从传辉的描述中得到的龙额印象，才真实地呈现在眼前：浓密而清秀的山林下，侗家的房屋错落有致，清澈河流蜿蜒流淌，河岸的学校整洁清爽，竹竿围栏里开辟了大块菜地，由师生自耕自给。硕大的小叶榕树，在默默地宣示村庄长长的人居历史。

之后几天，我屡屡感受到街面与村寨之间的巨大反差，即使仅仅隔着一层楼房。在视觉上，龙额镇的那条街，如同一条丑陋的伤口，将原本山水和谐、浑然一体的龙额侗寨，硬生生劈成两半。

三

龙额的三个自然村，上寨、下寨和平寨都依山而建，最低处是平整的坝子。都柳江的两条支流——归养河和六约河，也从不同的发源地蜿蜒而过，在龙额下寨交汇。

传说中，龙额人的祖先最先定居于龙额下寨。后来，一位青年猎人因捕猎发现了土地肥沃、水源充足的龙额大寨。但此时，白苗人祖先（现在的岜沙苗族）已在此建寨居住。于是，龙额祖先用稻草编织比常人大数倍的草鞋扔到苗寨那边去，同时用稻草扎成很大的稻草人，在夜晚用火把照成巨人的模样。白苗人害怕巨人，连夜迁徙到现在的从江县境。

经世代垦殖经营，龙额的山川、土地与河流，养育了13个姓氏的400多户人家。即使在20世纪80年代初，经历过以极端方式（拔掉村民的糯禾）推行杂交水稻，但时至今日，龙额的1000多亩水田，仍然保持着稻鱼鸭共生的耕作系统，保存了本地品种的糯稻。因为龙额人的各种礼节必需糯米和酸鱼，没有糯米的人家会"抬不起头"。

正因为水土肥美、物产丰富，龙额美食名动一方。除了牛瘪、血红、烧鱼、腌鱼这四道侗家名菜之外，农历十月用糯禾田鲤制作的"吊颈鱼"最受资深吃货追捧。其时田鲤格外鲜美肥嫩，活捉后用清水养3至5天吐泥，剖开洗净后用酸汤煮熟，再将泡椒、韭菜、野生香料等揣在鱼肚内，然后用稻草捆扎晾干，上笼蒸食。

龙额最盛大的节日“春社”，也跟吃有关。春社为每年立春后的第五个戊日，为纪念因得罪皇帝而被杀的侗族“厨神”木阿而设，并由龙额的大姓姚氏家族主持设宴，请吃“社饭”。除了祭祀厨神，方圆十里侗寨的男女老少上万人均要来龙额“赶社”，郊野“社场”人山人海，小孩看热闹，大人买东西，姑娘小伙装扮一新，三五成群、对歌结情。

2015年的龙额春社，湘黔桂边界的侗寨组织了70多支队伍到龙额的田坝里“抢鱼”，吹芦笙、唱河歌、跳广场舞。在“抢鱼”大战中，打扮得各式各样的队伍跃入田中。有的抢鱼队为了一眼看出是自己人，特将脸涂黑，有的则画成了花脸。抢到下午4时许，好几个人都抢到了“鱼王”，结果大家你争我抢，将鱼王抢碎，热闹的抢鱼节的头奖只好空缺了。

四

龙额的山，仍然是峻而美的。

“龙额”，在侗语中意为“龙的牙齿”。三条突兀挺峻的山脉从不同的方位奔来，聚首于上地坪，是当地传说中的“龙”；龙额侗寨所处的位置，恰是山脉的尽头，形似龙牙。从山脚至山顶，依次是梯田、油茶园和果园，以及苍莽的森林，中间交错着一丛丛青翠的南竹。

山是龙额人的美景、屏障和宝库。有一次，和龙额公益团队一起吃饭，传辉提到他家有20多亩果园和几亩油茶树。我惊呼“土豪”，传辉笑着说：“土豪不是我，他们才是。”果然，在座的六七个小伙，每家都拥有数十亩山林。

山林除了出产上好的茶油、罗汉果、板栗和柑橘，能带来直观的收入，还有很多直接贡献于当地生活的物产，比如建房用的杉木、楠木、松木，烧煮取暖用的柴火木炭，喂牛的草，编器物的竹子……

看龙额团队拍摄的村寨纪录片《侗布》，则让我深深体会到山与龙额侗寨日常生活的另一种紧密关联。春天，女人们在山上种植蓝靛。盛夏，在喧哗的蝉鸣声中采割蓝靛，而后发酵制作成染料，开始浸染布匹。其间，女人们又要挎着镰刀、扛着锄头上山，在丛林中寻找配齐十来种植物染料，有的取根，有的取叶，有的取藤，有的取皮，有的取果，搭配牛皮胶熬制出绛红的汁液，才能将蓝黑的布匹染成流光溢彩的“亮布”，用于裁制侗寨大小节日时穿着的盛装。

镜头里，《侗布》的女主角姚明菊感慨，以前山上的染料好多，现在变得越来越难找：“从早到晚，只得这么一点。”

而令传辉忧虑的是油茶地和农田。自从大批青壮年外出打工，大部分龙额人家里只剩下老人和孩子，还要照料如此广袤的山林和土地，实在是力不从心。无奈之下，老人们开始大量使用除草剂。“不用，不光没收成，田土很快就荒了。”如同饮鸩止渴。传辉观察到，使用除草剂几年后，油茶树长势变差，同时茶油的品质下降。他现在担心，尽管很少使用化肥农药，但同样使用除草剂的龙额梯田，会不会污染水源，还能不能养出鲜嫩肥美、可做吊颈鱼和生鱼片的田鲤。

五

作为南部侗族地区一个小范围的文化中心，龙额是传说中侗族女英雄萨岁的故里、祭萨文化（2008年列入国家非物质文化遗产名录）的发源地，也是文化部命名的“侗族河歌艺术之乡”。

河歌又称侗族河边腔，侗语称“嘎孖”，是侗族情歌的一个重要组成部分，因多在河边对唱而得名。河歌主要流传于都柳江一带，尤以龙额为盛。

寨老口述的故事中，姚国义是龙额历史上最有名的歌师。他年轻时聪明顽皮，喜欢即兴编河歌来唱。一日，他挑着牛粪上山，经过鼓楼时被老人们故意为难，要他编一首河歌才肯放他走。姚国义放下担子唱道：“老人坐凳面朝火塘好快乐，国义却要挑担上山忙，待到秋收我家谷满鱼肥美，到时你们却要喝酸汤。”众人称赞不已，放他前行。

姚国义的歌有多动人呢？龙额有个名叫石老榜的年轻人，跟一个叫俊美的女孩相爱，结为夫妇。后来石老榜到广西放木排，被水冲走，三年后回来发现爱人已被迫改嫁别人。石老榜非常伤心，就找歌师姚国义编了一首河歌，名叫“阴阳想主”，在水井边专等俊美来打水时唱起。俊美听到歌声，潸然泪下，辞别后夫，回到石老榜身边。

为了感谢姚国义，石老榜送给他70斤盐。那首唤回失散爱人的河歌，也得别名“七十斤盐”，至今仍在龙额一带传唱。

在龙额的那些天，随便走到哪一家，都会听到咿咿呀呀的河歌声。传辉分辨得清，告诉我大部分并不是真有人唱，而只是在放碟。

龙额现在最有名的一位歌师，平常在广东打工，他过年回家最重要的事，就是参加河歌比赛，毫无悬念地拿第一之后，再次踏上南下的旅程。歌师的儿子自小跟着父母在广东生活，回到龙额仍然讲粤语。一次，歌师想让儿子穿上侗衣，包上头帕去看他比赛，儿子死活不肯，怕头帕把自己精心漂染的发型弄坏了。

2015年春节过后，龙额团队开始跟拍这位歌师在广东的生活。传辉描述：离开龙额回到广东，歌师第一件事就是找工作。在人头攒动的劳务市场，这位龙额的“情歌王子”徘徊在各种工厂的招募台前，等待一份体力活，全无几天前在家乡舞台上低吟浅唱、倾倒众生的风采。

回到城市边缘的出租屋，对着一部手机，歌师却又似“活过来”了。令传辉惊异的是，在珠三角打工的龙额人，居然建了一个多达几百人的微信群。群维护得很“干净”，没有广告和段子，也不发红包和表情，他们只做一件事：学侗歌、唱侗歌。在这个群里，歌师是主角，慰藉着这个城市不同角落里那些离乡打工侗族人的乡愁。

六

到龙额当天，见到了传辉一家。同行的媒体同事悄悄跟我八卦：“这一家人颜值好高。”

传辉妈妈眼深鼻挺，神态端庄，随意挽着侗家的发髻，穿的是对襟的“现代装”，

龙额的三个自然村——上寨、下寨和平寨，都依山而建，最低处是平整的坝子。都柳江的两条支流——归养河和六约河，也从不同的发源地蜿蜒而过，在龙额下寨交汇（左图）。龙额的传辉（上图）。

想必年轻时是位大气的美人。传辉爸爸眉目清秀，寡言少语，默默地打理屋后草坡。坡上，是一株开着花的木姜树，鲜亮的一抹黄色。

传辉父母是勤恳的农民。他们种田地，打理茶园，爸爸还杀猪卖，供三个孩子上学。几年前，生活正朝着他们预想的样子展开：老大传林大学毕业后在县城当了公务员；老二传辉在广东打工，娶妻生子；老三传高在师范大学念数学专业，毕业后即使考不上公务员，当个教师也是体面和稳定的。但孩子们都不在家，日子似乎有点寂寞。传辉爸爸花了很多时间，在荒地里开出一片橘园，在那儿养了羊，还搭了一个羊圈，大部分的时间在橘园守着。

老二传辉从广东回来时，父母虽然有些意外，还是很高兴。父亲带着他一起杀猪，一起去橘园剪枝、养羊。没多久，传辉就在贵阳找了工作，还是经常回家，但大部分时间忙于拍照、放片子，和村里人开会这些事。

父亲生了一场重病，大手术后，卖了羊。缺了羊肥，少了羊吃草，橘子地慢慢地失去了生机。这时候，小儿子传高居然决定放弃某基金会的工作，也回到龙额做代课教师，业余时间跟二哥传辉一起“做公益”。这一次，父亲着实生气了：“做公益能当饭吃吗？老二自己糊涂了还不算，把老三也拉下水。”

开家庭会议时，三个儿子都沉默。父亲也不知如何表达心意，他隐约明白，儿子们的选择是缘于对这个家和这个村寨的眷恋。他有自豪，也有担心——这个他一生从未离开过的村寨，真的能够让儿子们施展抱负、实现梦想吗？这条路，他看不到太多的希望，却已经深深体会过它的艰辛。

七

传辉的妻子小慧身材娇小、明眸皓齿，衣着时尚，烫着长长的卷发。她是邻近村寨的侗族女子，跟传辉在广东打工时相识结婚。跟随传辉从广东返乡后，她在街上开了一家服装店，专营广东打来的各色时装。他们的儿子在广东出生，回到龙额时5岁，才开始一字一句学说侗话。

刚回龙额那一阵，小慧有些烦闷。服装店的生意不算太好，传辉又忙于文化社的工作，没办法帮她打货。除了照顾儿子，家里还有很多农活，可是小慧并不擅长。龙额年长一些的妇女爱唱的侗歌、爱做的侗布，小慧不会，也不感兴趣。有一段时间，她跟传辉说，实在待不下去了，还想再出去打工。

好在街上有一群年纪相仿也大都是打工回来的媳妇儿，可以互相说说话。其时，贯境而过的厦榕高速公路以及贵广高速铁路的修建，给龙额经济带来短暂的刺激。因为工程人员在地消费，龙额一部分村民和妇女有机会留在家乡，经营餐饮、住宿和小商品。随着“两高”竣工，工程人员陆续撤出，街上的生意越来越清淡。

年轻媳妇儿们的共同爱好是跳广场舞，于是就组了一个“亮亮队”，唱唱跳跳消解寂寞。龙额团队在村里办老照片展、拍纪录片，小慧和亮亮队起初只是看看热闹，看着看着也开始觉得龙额的歌呀、绣呀有点意思，守店的间隙，她们渐渐拿起针线，学老人家绣点花，打发时光。

去年夏天，龙额团队接待了一个从广东慕

名而来的亲子团，亮亮队负责给客人做饭。起初，她们好奇：龙额对这些大城市的妈妈和孩子们到底有什么吸引力？一个星期下来，她们看到亲子团跟着龙额村民上山、下河、爬树、捉鱼、唱歌，跟老人家一起染布、做竹编，每天都兴致勃勃。她们还发现，这些大城市的孩子，在妈妈们的带领和鼓励下，一点都不娇气，好像比龙额的孩子还能吃苦，还要能干。

这次接待，亮亮队得到一小笔收入，除去成本，每个人只拿到几十元钱误工费。但队员们郑重地开了个总结会，决定向广东妈妈们学习，在生活中教育孩子，比如每周一次集体学习侗族刺绣，同时辅导孩子功课。她们还决定带着孩子一起做蔬菜、摘糯禾、种油茶，一边干一边拍照做记录。

“人家这么远都要花钱花时间来龙额，我们自己就守在寨子里，不学不做真是太浪费了。”小慧有点不好意思地跟我说，“李姐，我们以前一边觉得无聊，一边去买从柳州运来的菜吃。现在自己种，不管有没有客人来，起码自家的孩子能吃上放心菜。”

八

到龙额的第二天，恰逢年轻人在村寨做第三次老照片展。展览就在鼓楼脚下，麻绳一牵，挂上从村民家里征集到的老照片。我听不懂侗语，站在一旁看热闹。

好多村民聚在一幅照片前，聊得很热烈。一把拉住同事侗慧，请她翻译。原来，村民们在争论，照片上的那一片浓密翠竹，究竟是今天的哪个位置。谁也无法确认，觉得应该请教更年长的村民。一位中年人感慨：变化太大哦，认不出来喽。

另一幅引起关注的老照片，是6位女子的合影。照片中的她们，盛装，绽放着年轻的笑容。据侗慧讲解，先是一位过路的老婆婆偶然发现了照片中的自己，接着她一路小跑，拉来另几位婆婆，正是照片中的其他女主角。她们指着照片讲个不停，笑个不停，沉浸在共同的青春回忆里。

夜里飘起了冻雨，年轻人要放映他们拍的纪录片《侗布》。我本来在心里揣测，这么冷的天，大家又都围着火炉喝酒吃肉，能来几个人呢？没想到，当我和闺密裹成两只大粽子来到全寨最大的鼓楼前，上百位龙额村民已经搬来小板凳，黑压压坐了一大片。

我们只能挤在边上。因为不懂侗语，片子也还没来得及做汉字字幕，相当于看默片。奇寒中，近一个小时的《侗布》，居然也没有觉得长和闷。大部分时间，露天片场都很安静，偶尔爆发一阵会心的笑和议论。放映结束时，人群里推出一个女人，她说了一句什么，就笑得弯下腰去。同事侗慧跟我耳语：“哦哦，那位就是《侗布》的女主角。大家在说，哎呀，你演电影了，要出名了。她说，老了来演电影，太害羞了。”

第二天中午，在传辉家，龙额的年轻人围着热气腾腾的火锅聊天。他们当中，有在县里工作的小职员姚仕健，有大学生姚仕秀，也有一直在家务农的石林、打工回来养猪的石华银、卖矿泉水的姚仕明——当然，还有传辉和传高。

他们说，做老照片的征集、整理和展示，正是想让村民，也包括他们自己，留得下记忆，看得到变迁。其中一位说，对于自己村寨历史的记录和探究，也许能让村民更加明了“我们是谁，我们从哪里来，我们是如何成为今天的模样，我们想要怎样的未来”。

他们的“野心”很大：建立龙额乡村影像库。除了征集老照片，追溯老照片背后的故事，也用各种手机和相机，以各种格式和像素，拍摄《侗布》《我们的春节》《全家福》……

他们还想在龙额开办“真正意义上”的村寨博物馆。它未必有一个固定的展厅，也许，整个村寨和怀抱着它的这片山水，都是展示的场景；要展示什么，如何展示，都由村民讨论，并陈述它值得留存的理由。它也许是外人了解龙额的窗口，更是这群年轻人想要的家园。

他们也在务实地商量，怎样才能既追求理想，又能挣到钱。一番盘点之后，觉得还是蛮有希望的。比如，开网店，把龙额的物产卖出去；搞宣传，把城市的人“引进来”消费。

传辉的父亲坐在一旁，默默地听着，然后走到屋后帮厨烧柴。刚到龙额的时候，就听传辉说，这间老房子已经有上百年历史了，父亲的愿望是有生之年盖间新的。

九

写这篇文章的时候，在龙额，已经有好多事情发生。

传辉家的老屋子已经拆了，但它的“骨架”将在父亲开垦的那片橘园里“重生”。在这片橘园里，龙额团队的年轻人集资修路、整地，想把它变成集文化传承和农耕体验于一体的生态农庄。

小慧忙得脚不沾地。她的小服装店开设了网络代购，帮龙额的村民上网“淘宝”，还一口气签了9家快递公司的代理，成为覆盖全镇的物流站点。

龙额团队注册了合作社。他们在镇上开过侗品客栈，也开了侗品淘宝店，卖竹编和油茶。客栈生意不好，已经转手；淘宝店虽然不温不火，但是为油茶拍的宣传片《侗寨茶情》却在广西民族影像志大展上斩获新锐单元第一名。

姚仕健想为龙额60岁以上的老人家写传记；龙乾领衔在全镇范围内收集侗歌、侗戏的影碟；四个家族的年轻人在发掘自己的家族史；往返龙额和广州跟踪歌师的纪录片《故乡》已杀青。

我不知道未来的龙额会是怎样。仍然记得那条伤口一般的街道——街与村在视觉上的强烈反差，仿佛是龙额侗寨在某个时代节点的命运缩影。洪流一般的离开与涌入，城与乡、传统与现代在碰撞与冲突，也在尝试融合与转身。期待某天，它不再是一条生硬的伤口，而是一条活力奔涌、柔和美丽的通道。“龙人”们在这路上的来与去，都有希望相随。

在这里生活着的“龙人”们，在成长中切实改变着龙额的生活。 摄影 _ 刘刚

在大多数传统村落里，宗族血脉的传承传统让他们的社区尽量保持封闭。肇兴侗寨的生存法则恰恰相反，他们始终敞开怀抱，从不吝游子将旅途中经过的这一站变成自己的家乡。

肇兴侗寨

一线乡村纪事

風

撰文 袁銮 摄影 陆宇堃 等

送葬的队伍走上后山；演出结束，游人欢声笑语作鸟兽散。亲戚或余悲，他人亦已歌。肇兴人很少抱怨游人的粗鲁，他们似乎对生离死别、人去人留有不一样的人生观。我亲眼目睹了这两幕的发生，那是八年前，我是鼓楼下侗族大歌演出的一名观众，之后作为旅人留下来。肇兴侗寨有一天也许会在数年的碾压式建筑中真正获得新生。旅行者也会重新发现这里，去收获属于他们的肇兴日子，一如我来到这个寨子时的美妙。这是一个最特别的侗寨，它天然地欢迎游子的到来，又挥手送别疲倦的行人离开。

一

我在这个寨子生活了八年。八年前，我来到这个处于西南山区腹地的侗寨，那是我在这里度过的第一段美妙时光。

很多旅行者来到这里，是因为她披着“中国最美的六大乡村古镇”“世界上最大的侗寨”的名号。但很多人并不知道，和很多“土生土长”的寨子不一样，肇兴侗寨的来历显得有点特殊。

洛香河的涓涓细流，滋养着旧时称为“六洞”的洛贯坝子，而后汇入都柳江，成为奔腾到珠江的滚滚浪花。这个坝子的最上游，是肇兴侗寨。这里是整个洛贯坝子最不出色的土地。几座山丘隔离了大坝子，藕断丝连地成为一个个半封闭的小坝子。河两边的土地安顿完这个寨子后，仅余村头村尾的边角料可供耕种。

传说中的陆姓和其他几姓兄弟逃难到此，是肇兴故事的开始。然后，肇兴仿佛成了那些被迫远走他乡的游子的庇护所。他们远离干戈，在这里疗伤。过些年月，当他们心灵伤痕初愈，憔悴地回望这个曾经慌不择路闯进来的坝子时，发现这里俨然已是阡陌交通，绿水人家，牛羊无事，百姓下棋。斯情斯景，他们不禁想，扔掉哪些“男儿在他乡，焉得不憔悴”的丧气话吧，就在这里停下来，就把他乡变成我陆、满、袁、嬴、马的故乡。

这些第一代移民给自己的新故乡起名叫“肇”。后人改作“肇兴”，寓意开始兴盛。彼时的肇兴，有12个姓氏的外乡人进驻。他们决心将这里变成故乡。他们甚至改掉了自己的姓氏，陆姓人先来到这里，于是全改姓陆——全寨同姓，以示团结。

肇兴人的祖圣和先贤，就这样默默地建设着自己的家园。几经岁月风霜，他们的后代已然没有了往日的伤痕。如今再回头看他们的家园：五座鼓楼挺拔，五座戏台立马，五座风雨桥勾画，千户木屋，密密麻麻。这个寨子的规模随着不同族群不停地融入，日渐壮大，转眼成为侗乡最大的寨子。

在大多数传统村落里，宗族血脉的传承传统让他们的社区尽量保持封闭、自给自足，以求落叶归根，瓜瓞绵长。肇兴侗寨的生存法则恰恰相反，他们始终敞开怀抱，从不吝游子将旅途中经过的这一站变成自己的家乡。

二

肇兴侗寨那五座鼓楼，代表五个团，分别叫作仁、义、礼、智、信。

西南山地的冬天，阴暗而寒冷。很多老人熬不过冬天，便离开了人间。礼团鼓楼哀乐齐鸣，黑色的杉木棺材安置在鼓楼旁，孝子贤孙披麻戴孝，长跪抽泣。这是老人在鼓楼度过的最后一个长夜。天亮之后，后山便会多一座新坟茔。侗族人的坟墓，不会离村寨太远，有些甚至就安放在屋子的后面。有些老人一辈子都没有离开过侗寨，离世后还守望着故乡。

离礼团鼓楼二三百米，是义团鼓楼。义团鼓楼后面，是一个精致的戏台。村里的旅游开发公司租下这个戏台，作为侗族大歌的表演场。礼团的葬礼还在进行，鼓楼的大歌已经开始，盛装少女带着含情脉脉的笑脸，驾轻就熟地给旅行者咏唱侗人曲调。陆秀花是演唱的歌手之一。肇兴名声日隆，每天都有一百几十个慕名而来的旅行者。因为旅行者的到来，陆秀花她们不用跟其他寨子的青壮劳力一样，前往长三角、珠三角的工厂里做体力工人。

送葬的队伍走上后山；演出结束，游人欢声笑语作鸟兽散。亲戚或余悲，他人亦已歌。肇兴人很少抱怨游人的粗鲁，他们似乎对生离死别、人去人留有不一样的人生观。我亲眼目睹了这两幕的发生，那时，我是鼓楼下侗族大歌演出的一名观众。

我以为我只是一个观众，但过客居客栈让我最后留了下来，那时，我是过客居的住店旅客。过客居，位于寨子上游的仁团鼓楼对面。

以仁团鼓楼为中心的地段，河面开阔，吊脚楼在河两边延伸，古色古香。这鼓楼的人们占据了寨子最好的位置，是整个寨子最精华的一段。过客居斜对着仁团鼓楼，最先的经营者是贵阳姑娘小周。在我到来之前，她和一个旅行者完成了一段轰轰烈烈的闪婚。每晚，鼓楼的灯光亮起，小周就会跟我说：

呀，青蛙
我每天坐在风雨桥上
看着天上的月亮
想着远方的情郎

有一天我说，行，你去看情郎吧，我看肇兴。于是她走了，我留了下来，接住过客居。

小周并不是这个村里最早的外来务工经商人员，最先跟随旅行者的脚步来到这里的其实是老蔡。

老蔡是上海人，圆嘟嘟的脸庞，大家都说他长得像《功夫熊猫》里的阿宝。他是最早进入肇兴侗寨做游客生意的外地人之一。他在义团鼓楼旁边租了一栋房子，稍微改造了一下，成了这个寨子最早的小酒吧。酒吧没有音乐，但有咖啡、红酒和比萨。

2005年之前的黔东南还不是国内游客追逐地，但已经是外国背包旅行者的游乐场。于是那些在西南腹地舟车劳顿的外国人，终于可以在侗族寨子鼓楼下品尝到虽然不大正宗但足以慰藉乡愁的食品。而这种乡野和刀叉对比形成的视觉冲击，也让文艺青年产生别样的情愫。“阿宝”的故事总

2005年之前，黔东南还不是国内游客追逐地，但已经是外国背包旅行者的游乐场。2005年，《中国国家地理》杂志的“选美中国”活动将肇兴评为“中国最美乡村古镇”之一，来到肇兴的旅行者日益增多。

能成为游记里的点睛，旅游杂志一篇名为《肇兴·鼓楼比萨》的文章，让老蔡成了这个寨子的名人。

过客居对面，挨着鼓楼的老房子住着仁团的寨老。老房子是典型的侗族二层建筑，这个房子建得比周遭人家要矮一点，尽量让鼓楼显得更突出一点。侗寨里，鼓楼周围的房子一般都不会建得太高，不盖鼓楼锋芒，这显示了侗族人对鼓楼的敬畏和自身的谦逊。

侗族村寨一般有两套管理系统：政府层面的村委会，管理现实中的民生；寨老则在祭祀、民俗上有话语权。农闲时节，寨老正召集村里的男性壮年在鼓楼旁边的风雨桥上开会。过几天，他们要出征都柳江边的一个广西侗寨，参加他们组织的芦笙大赛。这个事情对于仁团来说不是小事，他们需要商量好所有到外寨做客的细节。我作为仁团鼓楼边的客居者，寨老十分自然地将我当成他们的一分子，给我分配任务。

三

旅游公司发工资的日子，秀花最喜欢的事情便是和姊妹们到老蔡的酒吧吃一份比萨。都是青春年华的姑娘，没有和其他人一样在大城市里打拼，这份比萨也蕴含着她们对花花世界的想象。我成为过客居的掌柜，秀花也获得了额外的收入；她除了唱歌，还会协助我打理小客栈。我也是老蔡酒吧的常客，可能是出于宾主关系的谦虚，我在老蔡酒吧觥筹交错时，秀花便不再出现了。

侗族人喜欢喝酒，肇兴的吴乡长主管旅游，是喝酒时最恣意的侗族人之一。老蔡酒吧见证了我们的友谊。我们常说，漫步古道长，对饮在西厢，看鼓楼云月，枕一页侗乡。2008年入秋之后，老蔡偶尔也会加入酒局，向领导诉说对生意的担忧。那个时候，正在修建的高速公路和高速铁路，从肇兴侗寨左右两脉山野穿过，肇兴侗寨的公路，自然成了重型货车的必经地。每天尘土弥漫寨子，也弥漫了路边的老蔡酒吧。除了我们这些常驻的老顾客，旅行者已经不愿意在这里待下去。大家对肇兴的未来，充满想象，但对眼下的情形，略感忧伤。每次酒局结束，老蔡总是说，等过两年高速通车，肇兴的客人就会多起来了。

过客居的老房东，是一个退休十多年的老公安，他的半生成就之一，就是建成了三栋连成一体的木房子，留给三个儿子。过客居所在的房子，是其中的一栋。他住在大儿子家，退休生活最大的追求，是给村里的侗戏戏班编侗戏。他很乐于和我分享侗戏里的起承转合，我也乐于跟他躲在戏台的后台，看他给演员讲戏。2008年的一个雨夜，我在后台看到，纵然下着瓢泼大雨，戏台下还是站满了看戏的群众。

仁团芦笙队在广西的芦笙比赛中获得了不错的名次，从中文系毕业的我，帮寨老写了副恭维主人的对联。主人甚是欢喜，贴在戏台两边。到其他侗寨集体做客，是侗寨的传统。每次的集体活动立竿见影的效果，是集体的凝聚力会上一个新的台阶。

寨老的老房子已经容纳不下三世同堂，他决定拆了重建。这下，两层房子改成了三层。木房子需要先搭框架，侗族的能工巧匠不需用一钉一卯，就可以将木头搭成几个立面框架。仁团芦笙队的壮汉们又一次聚集起来，将几个立面框架竖起，在木匠的指挥下，不消半天，就组合成木房子的主框架。三层的主框架立起，鼓楼瞬间被挡住了大半。

政府有规定，肇兴的房子不能高于10.6米。寨老的房子显然已经超标。吴乡长带着几个公务员打算去寨老那里做工作，试图说服寨老遵守政府的规定。一说拆房子，寨老情急之下，往寨子大声招呼。村里的壮年放下芦笙，立马将寨老的新房子围得水泄不通。寨老说，我们都是讲道理的人，房子可以拆，要么赔我几十万修新房的钱，要么赔我能容纳三代人的土地。政府没有那么多钱，更没有那么多土地，也劝退不了气势汹涌的仁团百姓。无数个来回后，寨老的新房子已然建好。入伙那天，放了很多爆竹，请了很多人，热闹非凡地住进了新房子。

打算去拆寨老房子的时候，是政府下定决心发展肇兴侗寨旅游的时候。他们打算清理河道，让河水更清澈；整理修葺寨子的房子，使寨子看上去更有秩序；将穿寨而过的公路建设成为步道，恢复旧时一个寨子鸡犬相闻的原始场景。

老蔡似乎在热闹非凡的建设场景中又看到了希望。不久之后，高速就会通车，寨子适时恢复他刚到来时的美好。到那个时候，旅行者再也不用在盘山公路上辗转十多个小时才能来到寨子，高速公路和高速铁路的出口，安置在离村不到十公里的洛香，机场下飞机来到寨子，也不过40分钟。曾经那个养在深闺的寨子，很快就会变成交通中心，一线乡村。

但过了没多久，老蔡意想不到的事情发生了。

2009年的一天，省长来到肇兴侗寨。省长对当下肇兴侗寨的建设兴趣并不浓烈，他甚至对精心准备的演出也是草草观之。省长离开寨子之前说，肇兴侗寨将来一定会成为贵州又一个旅游中心，但是，前提还是必须将高速公路和高速铁路修好。现在的基础工程需要暂时放一放，得保证“两高”建设的通道顺畅。

然后，所有的建筑物料埋于地底。刀枪入库，马放南山。大型重车又穿梭在寨子的道路上。老蔡说，还是等高速通车了，才会好起来。

四

高速公路在两年之后开通了，老蔡重新将酒吧彻底拾掇干净。脏兮兮的货车不再每天碾压寨子，大家开始有了喘息的机会。但是吴乡长还没喘息过来。政府当然不会放弃肇兴的旅游建设，重整旗鼓时，却陷入“再而衰”的窘境。对于西南一个并不发达的县来说，一个耗资以亿计算的旅游基础工程，需要抉择和角力。高速通了，但酒吧里张贴了两年的“景区正在建设中，敬请谅解”告示，还不能摘下。老蔡无奈地发愁，几年过去了，租期即将结束。他需要尽快赚钱，弥补因为高速道路建设损失的生意以及下一个租期的租金。

肇兴的传统，总是时刻准备接纳旅人在这里落地生根。但当下的政策，却让游子成为定居者的可能性变得非常小。农村的土地政策，让外来人无法进行土地交易、建设自己的物业，肇兴人却看到了交通线打通后给这个村寨带来的新时代的商机。外出务工的Mary Lu回家不必变回陆翠芬；肇兴人也开始像寨老一样，逐渐拆掉传统的两层木屋，尽量盖得更高。Mary们忙活着自家的活计，偶有旅行者过来聊天，就跟旅行者说，叫我Mary好了。

过客居周边，已经进驻了很多卖民族工艺品的小店。在游人罕至时，他们只能用打麻将去消磨时间。肇兴和周边寨子有一个传统保持得很好，他们会约定一个农闲日子或者节日，轮流到对方的寨子集体做客。每当这个时候，寨老就会主持村里的人杀牛宰羊。村里人没有将那些外来经商者当作外人，每每这些日子，都会邀请大家去鼓楼下一起吃饭喝酒。酒足饭饱后，主宾互吹芦笙，热闹非凡。虽然外来经商者在这里会受到寨人的礼遇，但是眼看这惨淡的生意，大家也不免聚在一起说担忧。老蔡托托眼镜说，听说政府要投入巨资打造肇兴了，建设好之后，我们生意就会好了。

过客居同样面临着租期和租金的担忧。几年过去，房东的老父亲已是八旬老人。房东并没有和我直接谈续约，他说他正在和老父亲商量。老父亲说，他希望在这栋他修建的房子里度过余生。也就是说，租期结束后，过客居暂时不会出租了。房东并不甘心，努力劝说重新给老房东找一个安老之所。虽然目前生意并不好，但是肇兴人已经看得到，“两高”通车在即，交通便利会带来房租的暴涨。一个能赚更多钱的房子用来自住，显然不是房东愿意看到的。

侗族大歌向来是侗家一宝。在戏台边唱了几年侗族大歌的陆秀花和她的姊妹们有了另外的收获。不久之后，她们离开寨子，开始了另一段远行。这一次远行，比早年外出务工的同伴们更远。她们打点好自己的侗族盛装，飞行十个小时到欧洲，在那里演唱自己的侗族大歌。

在欧洲演出间隙，她们在布拉格的广场闲逛。秀花和姊妹们发现，老蔡酒吧里卖的所有东西，在这里变得非常普通。芝士和西红柿新鲜诱人，大烤箱烤出的比萨软硬适中，口感来得更加干脆。她们肯定在吃鼓楼比萨的时候一次次幻想过，将来有一天去一个真正的比萨店，吃正宗的比萨。每个吃比萨的人，都有自己的故事。我想，那时候，比萨店里最有故事的人，应该是秀花她们。

回到侗寨，秀花还是会去老蔡家点上一份比萨。最正宗的味道，还是吃第一口的味道。邻桌的旅行者在讨论上一次去欧洲旅行的情景，可惜他们再也盼不来秀花艳羡的目光。秀花莞尔一笑：我才是欧洲的常客。

五

吴乡长终于可以甩开膀子大干一场，政府终于下定决心要发展好肇兴的旅游市场。那是四年来未竟的事业。村头最后一片田野，变成了迎宾的长长风雨桥和挂着几个景观水车的湖水。

老房东让我一定要去看看村头的公共厕所。山边建设了一大堆假山，假山下面，隐藏着落地玻璃铺就的豪华公厕。老人家说，他一辈子住过的房子，都没有这个公共厕所好。纵然是这样，老房东还是铁了心一定要在自己建好的房子住下去。房东脸上写满了无奈，前几天，隔壁妹妹家的房子出租，是一年20万的租金。这个租金，是当时过客居租金的二十多倍。如果老房东愿意，拿出2万元，就能在县城租到一个同面积的居所。

过客居在肇兴经历繁华年代的时候，完成

了八年的租期。这里曾经宾朋满座、谈笑风生，如今只剩下孤独的牌匾。老房东住进了过客居，研究着他的戏本。外面纷纷扰扰的游人和风生水起的房屋租赁与他没有关系。

老蔡还坚信肇兴旅游会有一个非常不错的未来，但是鼓楼比萨也不再属于他。在肇兴惨淡经营的这么些年，他已经无力承担涨了二十多倍的租金。肇兴真的成了一线乡村，比萨在肇兴不再是新鲜事儿。但那些承载了旅行者和村里年轻姑娘们记忆和幻想的鼓楼比萨却不存在了。老蔡的酒吧变成了无比热闹的慢摇吧。没有比萨和咖啡，只有音乐和啤酒。闪耀的霓虹灯十分醒目，震耳的现场音乐声响彻整个寨子。昂贵的租金使得经营者必须尽可能地延长经营的时间。寨老开始琢磨着他的新房子能租多高的价格，却又受不了这种突如其来的变化。有一天，他终于受不了夜半歌声，拉着村里的青年去跟酒吧老板说，晚上11点必须停止音乐，否则，我们会砸了你家的玻璃。

这并不是摆在寨老面前最大的烦恼。一年一度的芦笙节又要来临，寨子里的壮年又如约在风雨桥里集中。没聊几句芦笙，大家终于还是忍不住讨论起寨子发生的种种。他们需要从旅游公司拿到更多的分红，需要更多的地方建高高的能租好价钱的房子。芦笙赛终于还是没有讨论下去，又找不出更好的和政府斡旋的办法。大家在夜幕里草草结束了这次群众会议，芦笙赛意外地停办了一年。

吴乡长为旅行者准备了一切，但期待中的蜂拥的旅行者并没有如约而至。政府花费了能拿出的最大的财力，建好了宽阔的停车场、偌大的表演场、干净的街道，重新修葺了河道。新来的经营者再也没有对饮西厢的雅致，他们花了大量的资金打造比城市酒店更有民族品质的酒店、可以应付大批团队到来的大空间餐馆。这是真正的一线乡村，除了游客对这一切似乎并没有那么感冒。

秀花不再是过客居的店员。她每天驾轻就熟地为旅行者表演侗族大歌。哪怕偌大的表演场只有一位观众，她们都不会偷工减料。如果客人需要的话，她们还会去饭店里为客人唱敬酒歌。她们卸下盛装，路过老蔡的酒吧。憨态可掬的老蔡已经不是那里的主人。

六

小周闪婚的结局并不完满。她八年前一个人来到侗寨，八年之后又一个人回到了侗寨。那个时候她爬上山头想情郎，侗寨的屋顶错落有致。如今的木房子建得一个比一个高，鼓楼不再如以往那般夺目，仁团鼓楼的尖尖楼顶，勉强在周边包围的房子里冒头。

新的经商者创造了这个寨子新的故事。肇兴侗寨有一天也许会在数年的碾压式建筑中真正获得新生。旅行者也会重新发现这里，去收获属于他们的肇兴日子，一如八年前我来到这个寨子时的美妙。这是一个最特别的侗寨，它天然地欢迎游子的到来，又挥手送别疲倦的行人离开。

就好像，那个时候，礼团的葬礼正在进行；义团的侗族大歌歌声，不会因为悲伤而停息。

因为旅行者的到来，像陆秀花那样的歌者不用跟其他寨子的青壮劳力一样，前往长三角、珠三角的工厂里做体力工人。摄影 _ 李贵云

小黄，深山歌乡

風

撰文 潘年英 摄影 潘年英 等

一般而言，侗族大歌只流传于侗族南部方言区的部分村寨，即都柳江两岸山地密林村落之中。目前公认的比较著名的侗族大歌之乡有小黄、肇兴、双江、口江、岩洞、三龙、往洞等，即历史上的六洞和九洞地区。摄影 _ 李贵云

我最早来到小黄是1998年。那一年，我借着玩的名义考察最偏僻边缘的村落，一次机缘让我听说小黄是侗族大歌之乡，尽管路途不便，我也执意要去看看。

刚刚走到小黄村对面的山坡中间，远远就看见山谷之中簇拥着一片密集的木楼人家，夕阳下金黄闪亮，美如仙境……说不清为什么，当时我眼泪一下就流出来了，内心已经激动得不能自抑，因为我知道，这就是我寻找多年的典型侗寨，那种天堂一般的乡村……

走进村寨后，能清晰地看到村寨的每一个细节，也能听到从每一个角落里传来的各种劳作和生活的声音，鸡鸭的欢叫声，侗族妇女槌布的声音，还有小孩在追逐打闹的声音——关键是，还有侗族大歌演唱的声音……那时候，除了乡政府大楼旧址和供销社那两栋砖房外，小黄还全部是木楼人家。木楼古旧，黑瓦深沉，在夕阳下呈现的是一片金碧辉煌的色彩，看上去像是一座史前遗留下来的古堡，既美丽典雅又古老凝重，实在使人流连忘返。

走进音乐世家
我和银花一家的因缘

两年后，即2000年的春节，我决定一个人来到小黄过春节，同时开展我的人类学田野作业。

我是拿着两年前在小黄乡政府旧址门前拍摄的一张照片来到小黄的。我把照片拿出

来问同样在乡政府旧址门前玩耍的一群小孩子，知不知道照片上的小女孩是谁。知道。他们说。我说，那你们带我去找她好吗？好！

他们就带我去那小女孩家。小女孩的爸爸正要出门去黄岗做客，得知我是专程来他家的，他留下来不再去黄岗了。我说，这怎么行呢，我不能耽搁你的事情，你去吧，晚上回来跟我喝酒。他说，那不行，你是客人，你来了，我就不去了，我现在就留下来陪你喝酒。

照片上的小女孩叫潘银花，两年前给她在乡政府旧址门口照相时，她才12岁。大概是她天真活泼的形象吸引了我吧，我才主动给她拍摄了那张照片。仅仅过了两年之后，这小姑娘长成大姑娘了，完全变了一个人。那天她正好跟一群同龄女孩子在自家的走廊上练习唱歌，教歌的是她的奶奶。

我完全没想到，我就这样随随便便地走进了银花一家。我更没想到，这居然还是一个音乐世家。小女孩潘银花在一个歌班里担任领唱，还作为小黄少儿歌唱代表到首都北京演出过。她爸爸潘新林年轻时也是歌队领唱；她奶奶萨银花年轻时更是一位著名的歌手，后来成为歌师，再后来成为小黄唯一的国家级非遗传承人；她的爷爷是歌师，也是戏师；她的舅舅潘玉平也是戏师……不过这都是后来才了解到的情况，当时我什么也不知道。我稀里糊涂地走进银花家，然后开始了长达十三天的小黄人类学观察，也开始了我和银花一家的漫长的交集和恒久的情谊。

和别处的侗族相比，小黄最突出的一点是它全民性的音乐生活。这是一个不可思议的歌唱世界，所有的社会成员都如此狂热地迷恋于歌唱，从生到死，从未停止过自己的歌喉。在小黄村，一个孩子刚生下来就会被编入同龄歌队，从学说话开始就跟母亲学习唱歌，三四岁正式进入歌队唱歌，到五六岁就可以以儿童歌队的名义正式参与社交场合的演唱了。此后，由儿童歌队进入青年歌队，然后进入老年歌队，一生当中，歌唱如影随形，唱到老，唱到死。如果有些成员因各种变故脱离了歌队，歌队的有些演唱活动肯定要受到一定的影响，有时甚至影响到歌队的存在，就需要重新调整组合。

这里的人为何如此热衷于歌唱？简单来说，立足于农耕文明社会的小黄社区，在丰衣足食的前提下，社区居民有了大量的闲暇时间来消费音乐文化，进而自然培育出一种“什么都要用歌来表述”的社会文化习俗，最终催生并传承了以无伴奏多声部集体合唱为特征的侗族大歌。

远去的星光
小黄侗寨的歌师传统及当代际遇

对于那些不太了解侗族和侗族文化的人们来说，也许提到侗族，马上就会联想到侗族文化的三样瑰宝——花桥、鼓楼和大歌。但其实并不是所有的侗寨都有花桥和鼓楼，更不是所有的侗寨都演唱侗族大歌。一般而言，侗族大歌只流传于侗族南部方言区的部分村寨，即都柳江两岸山地密林村落之中。目前大家公认的比较著名的侗族大歌之乡有小黄、肇兴、双江、口江、岩洞、三龙、往洞等，即历史上的六洞和九洞地区。而在这些地方之中，到底哪一个地方才是侗族大歌的起源之地，目前还是未解之谜。

有一种说法认为侗族大歌起源于小黄。相传最早发明这种多声部合唱音乐的两个

萨银花一家（上图）。在小黄村，一个孩子刚生下来就被编入同龄歌队，从学说话开始就跟母亲学习唱歌，三四岁正式进入歌队唱歌，到五六岁就可以以儿童歌队队员的名义正式参与社交场合的演唱了（下图）。摄影 _ 李立洪

人，一个叫倒鸟，一个叫老罕。二人因为父母早亡，家境贫寒，相貌也有些丑陋，没能在歌堂中赢得姑娘们的芳心，年龄很大了还找不到结婚伴侣，于是愤而从小黄村寨出走，到偏僻山林里开荒种地，自谋生路。在日复一日年复一年的单调乏味的耕种过程中，他们竟然受大自然蝉鸣声音的启发，发明了高低音二重唱法，进而用这种方法改变传统侗歌。二人回到村里演唱，结果大受欢迎，他们也因此找到了自己的意中人，过上了称心如意的生活。后来，这种多部和声音乐被历代歌师不断发扬光大，演变为今日优美动听的侗族大歌。

这个传说到底有几分真实性，已经难以考证。但是，小黄历史上有名有姓的著名歌师是非常多的，他们唱歌的事迹至今仍在小黄侗寨流传。比如生于康熙年间、享寿99岁的银发老祖太（1696—1795），以及他的后人潘学海、潘学河，均为著名歌师。与银发老祖太同时代的金拜也是大歌师，他的后人公勉化也是有名的歌师。到了当代，比较著名的女歌师有萨文艺、萨团、吴尾花、萨凤娇、萨生祥等，男歌师则有吴世雄、潘锦仁、吴大安等。吴世雄、潘锦仁、吴大安等当年曾怀抱琵琶走遍侗乡传歌，名声非常响亮，而且多次代表小黄侗歌队到贵阳、北京、莫斯科等地演出；1953年还引来中央音乐学院的赵仁宽先生，为侗族大歌最终走向世界立下了汗马功劳……像这样的歌师世家在小黄还有很多很多，多得数不过来。一个歌师通常就是一个歌队的教练。

20世纪60年代，小黄有一个女歌队十分有名，以唱高音的潘培娘和唱低音的培耶、萨小明为首，经常在黎平、从江、榕江一带传歌唱歌，大受欢迎。80年代之后，她们已是老人，组成“老妇歌队”继续唱歌。她们每到一寨，全村老幼都一齐出动，来听歌对歌，场面壮观。有一次，歌声持续到午夜，老人们都沉浸在对青年时光的美好回忆中，恰好有驻村工作的干部在场，他们问老妇：你们都是年近古稀的老人了，为什么还是这么快乐，这么活泼，这么爱歌？三位老人以歌作答：

你们叫我唱，我们就把口来张；
萤火亮半节，人老笑癫冬；
人无两度少年，花无一春重开放；
冰冻山岭皑皑白雪也融化，年轻漂亮的姑娘转眼发鬓霜；
人生在世乐为先，逍遥欢歌寿延长；
歌不唱来人也老，日头正顶也会偏西方；
人生一世何长久，蜜蜂怎么舍得花蕊香；
歌唱本是解心忧，口中不唱心中想；
不思富贵只享乐，有钱人一样土内藏；
人挤满寨代换代，老人过了轮到后人亡；
鸟死山林树要朽，大限来时死别最悲伤；
人老会死菌要腐，春暖花开老人进歌堂；
山坡是主人是客，人到世间走一场；
普天之下谁舍死，祸到临头奈何妨；
花枝可摘尽量摘，莫等花凋树空仰天长哀叹……

吴世雄、潘锦仁、吴大安等当年赫赫有名的歌手和歌师，如今也都已是年逾八旬的老人，但我每次去小黄，差不多都能看到他们的身影。吴大安的家就在小黄村的鼓楼对面，我第三次来到小黄的时候采访过他，后来每次去小黄，总能看到他在家里家外忙碌。我看过他组织族里的祭祀仪式，也看过他在自家门口编织竹器，但我没听他唱过歌，毕竟我认识他的时候，他都已年近古稀了。但在十多年前，我曾给他们歌队的成员拍摄过一张集体合影，在那之后，那个集体里的多数人先后“走”

了。我印象最深的一个，叫公干田，他对人特别和善，只要见到我，就会立即拉到他家去吃饭。他儿子潘干田是个巫师，也是个有名的歌手，其貌不扬，却娶了小黄的一个漂亮女人，就是因为他特别会唱歌。很多人对此百思不解，但联想到倒鸟和老罕，我就觉得这一切都很自然。

我曾经问过很多小黄歌师：一个人要怎样才能成为歌师？他们说，主要是要会编歌，而且要能在比赛现场编歌，还要编得好，被大家认可，如果瞎编一气，那只能留下笑话。

梦中小黄
是故乡也是他乡

我曾经非常引以为自豪的一点，是我在很多地方做人类学田野考察的过程中结缘的朋友，最终都成了我的亲人。我们彼此思念和牵挂，在物欲横流的冷漠人世相互温暖和安慰。但很多事情的发展又总是不尽如人意，以至于我每次去小黄，都愁肠百结，感慨万千。

我和银花的父亲潘新林不仅曾结为拜把子兄弟——他也是1963年生人，我们刚好同年，他还把女儿银花托付给我，让我做她的义父，支持她读书直到自动辍学为止。我如约兑现承诺，支持银花读完初中。

但我没想到，在我离开小黄仅仅两年之后，潘新林竟然意外病故。他的女儿银花也在念完中学后辍学，跟着村里的年轻人外出打工挣钱。后来，她在广东一家夜总会认识了一位重庆汉族小伙，很快嫁给了他，并为他生下两个儿子……银花一直叫我潘老师，但在他爸爸去世之后，有一天她终于开口叫我“老爸”了。

从20世纪90年代起，小黄人纷纷外出打工。但跟其他地方的农村人不同，小黄的年轻人很少进厂，多是到酒店或者旅游区给人唱歌挣钱——他们管这个叫“打文艺工”。

银花的舅舅潘玉平在本地是个有名的歌师。他的女儿潘线英长得如花似玉，美若天仙，但年轻时几次外出打工均以惨败告终，不仅没有给家里挣到一分钱，反而在把父母给的盘缠耗费完毕之后，打来电话叫父亲寄去路费才能回转到家……不过她最终的结局却让人欣慰——嫁给了一个本寨的年轻人，并且在小黄最著名的女歌队里唱歌。那支歌队后来在“多彩贵州”及各种演唱比赛中多次获得金奖，潘线英就是那亮丽的十朵金花之一。

21世纪，小黄一直在当地政府部门的旅游开发规划之中：先是在2008年修通了通往县城的柏油路，随后又修通了前往黎平黄岗、连接起经过四寨和双江的厦蓉高速的旅游专线公路……而随着旅游业的展开，小黄侗寨也在不断扩容，原先的很多稻田看不到了，很多老式的“厕所”也被拆除，传统木楼先后被时髦的红砖水泥楼房取而代之……如今，很多游客慕名来到小黄，想看看传说中那个天堂般的木楼故乡，但是已经看不到了……说实话，面对小黄的这种变化，连我自己有时也难免心情复杂：一方面，我承认自己是最早呼吁做旅游开发的本土学者之一；另一方面，当这样的开发真的到来的时候，我也的确会产生某种故乡“沦陷”的感觉。

鼓楼图册
贵州省黎平县肇兴乡

黔人故事

黔人生于黔地，被赋予独一无二的技能，各有截然不同的人生。

再山重水隔，这片土地也必然在时代中悄然改变，然而，日新月异的世界没甩下这些行当，摧枯拉朽的现代化也没湮没这些人。

黔人泰然地坚守着自己认定的使命，主动或被动地探索与世界相洽的道路。

信仰还在，规矩没变，手艺尚存。

黔风难言说，只是故事。

持棒而歌的刻道歌师

風

撰文 李岚 摄影 钟光明

歌师吴通贤持棒而歌。歌棒是刻道歌师必备之物，主要由木、竹制成，长约1尺，形状各异，一般上面刻有20多个符号。

在苗寨，会唱歌的年轻小伙子是很受欢迎的，到哪都会有姑娘表达爱慕之情，但姑娘们最喜欢的还是能演唱开亲歌中难度最大的“刻道”的人。

“刻道” 产生于苗族母系氏族过渡到父系氏族之后的一段历史时期，是苗族开亲歌的一部分，也是最难学、最难唱的一部分，要把开亲时的聘礼完整记下、演唱出来，顺序不能错，难度非常高，是当地苗族歌师高手过招的标志性曲目。与其他反映创世、人类起源的苗族古歌、古词不同，“刻道”主要记载的是苗族婚姻制度和婚姻文化，被称作“苗族婚姻史的口传古籍”。

吴通贤从小就想学唱歌，父亲是享有盛名的歌师，他就常缠着父亲教他。年轻时，吴通贤很喜欢游方（苗族青年男女谈恋爱）场和走亲访，除了享受唱歌时美好的气氛，也为寻找机会与优秀歌师对歌，不断提高自身技能。天赋、刻苦、高手指导，加上丰富的演唱经验，不到30岁，吴通贤就已经成为杨柳塘一带对刻道很有研究的名歌师。这十分不简单，苗家人有“官家识字九千九，没有哪个能把刻道认得透”之说，苗族没有文字，歌词全靠口传强记忆，完整的刻道相传有一万多行歌词。

唱刻道时，歌师持棒而歌，棒上的木刻符号即为歌本，做提示之用。歌师偶忘歌词，用手轻抚一下棒上的符号，便能继续流畅地唱下去。

刻道主要流传于黔东南施秉、黄平等县。从前，苗族有姑舅表婚的习俗，即姑妈家的女儿要嫁到舅舅家当儿媳，姑家之女如不嫁舅家之子，舅家就要向姑家索取大量的还娘头礼金，如白银三百两、水牛三百头、骡马三百匹、鸭子三百对、花布三百块等。姑妈家想要把女儿留住，又付不起舅家高昂的彩礼，许多青年等白了头都无法结婚，由此引起了人们的反抗。最终，经过双方商定，将讨价还价减下来之后的礼数刻在木棒上，以便舅家在日后索取。从此，姑舅表婚被解除，自由婚姻得以实现，并形成了苗家人结亲时的保留节目——刻道。

“过去在酒席上唱开亲歌的人很多，开心了可以唱上三天三夜，现在结婚、回门宴请已经很少通宵达旦地唱歌了。刻道是开亲歌里比较难唱的部分，如今一般嫁娶都不大唱了，只唱一些简单的酒歌。”在翁溪村，老歌师有的去世了，有的身体不好基本不唱，能和吴通贤一起演唱刻道的歌师越来越少。有些歌师因为长期缺乏实践机会，也慢慢荒废了唱刻道的技能。

“虽然天天带着它（歌棒），但我觉得它离我的生活似乎越来越远了。”

传道授业是吴通贤作为传承人必须承担的责任之一。经济发展、对外开放后，村里学习刻道的人越来越少了，学会的人更是凤毛麟角，全村35岁以下的年轻人没有一个会唱。2010年，施秉县组织的芦笙会上首次举办了刻道比赛，原来只在酒桌上唱的刻道来到了舞台上。比赛也激发了大家学刻道的热情。如今，农闲时的夜晚饭后，大家会聚集在吴通贤家，拿着打印在纸上的歌棒符号，一句句跟着他学唱。

遇到有比赛、演出时，吴通贤就要加班加点组织大家训练。来跟吴通贤学歌的人渐渐增多，有本村的，也有外村的，总计已有上百人。

绘制图纸的掌墨师

風

撰文 艾可

掌墨师陆文礼展示鼓楼的设计图纸。1990年，他和其他掌墨师一起到深圳锦绣中华民族风情区修建侗族建筑，他设计的图纸被运用其中。摄影 _ 陆宇堃

传统的侗族木匠，不依靠设计图或模型，不用一根铁钉，仅凭一根丈杆、一把直尺、一个墨斗，靠凿榫衔接来完成侗族传统木构建筑的修建，浑然天成的高超木工技术令外人啧啧称奇。掌墨师——掌管墨斗的师傅，则是木匠团队的领导者，是每幢侗族传统木质建筑的总设计师、总工程师，也是施工时的总指挥，是核与魂。

传统的侗族木构建筑的构架，全由掌墨师根据地势地形、周围景观，配合美观、功能和建筑者意愿综合考虑设计而成，大部分时候，“图纸”只存在于掌墨师的脑海中。从学徒成长为成熟的木匠，直到成为掌墨师，不仅需要掌握技术、积累经验，还需要有非凡的设计和创造力。

在黔东南，说起掌墨师，会提起“花桥师傅在三江，鼓楼师傅在纪堂”。聊起纪堂的掌墨师，就会说起“画图纸”的陆文礼。

76岁的陆文礼，做了五十多年的掌墨师。

初中毕业后，陆文礼就回家向当时已远近闻名的舅舅陆培福学习做木工，每年农事之余跟着舅舅两个月，靠“偷看”，三年，陆文礼就能独立掌墨，主持修建侗寨民居了。但陆文礼想修鼓楼。“小时候，村里懂很多的老人就会指着鼓楼问我，这是什么呀？这是鼓楼，是咱们侗族特有的。”41岁，陆文礼的名字终于被写在了肇兴中寨鼓楼的梁上——这是主持修建侗族鼓楼的掌墨师才能享有的殊荣。亲自掌墨鼓楼近二十年，不仅在黔东南各侗寨，在广西、

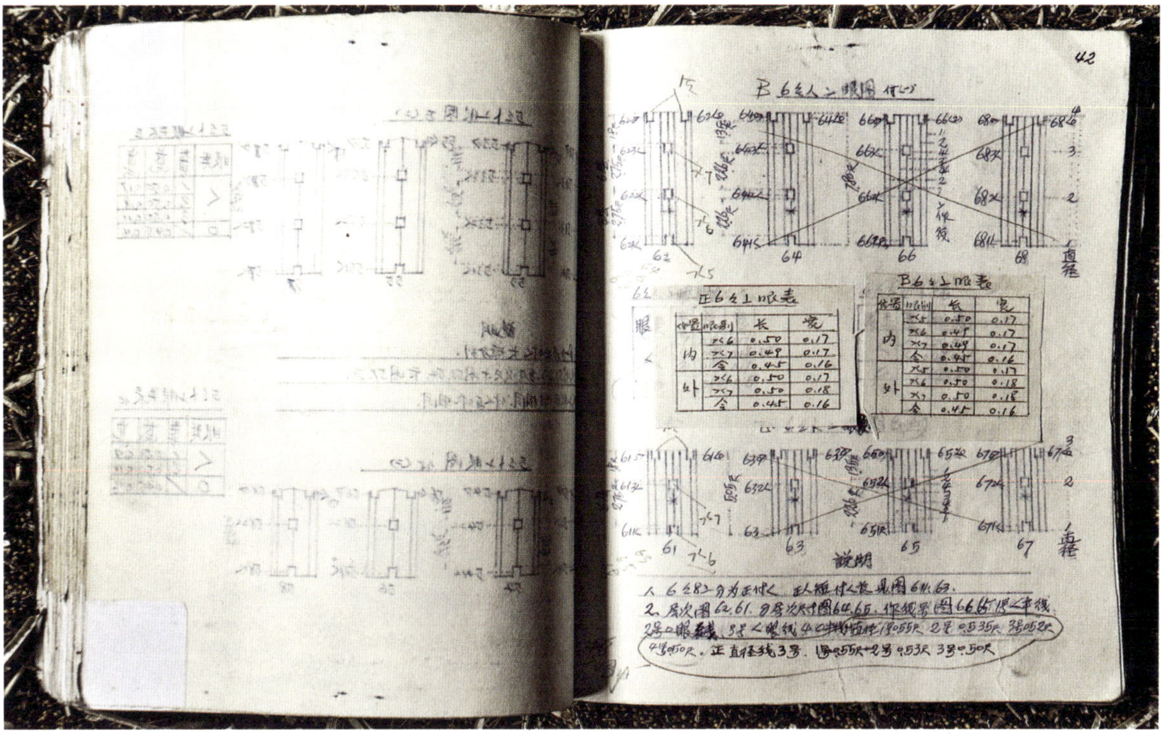

在装满图纸、资料的大木箱子里翻找一阵，陆文礼取出这本厚达数百页的《侗族鼓楼建筑施工设计图册》。绘图册被拿到贵阳，省里的专家、工程师们研究了五六个月，没弄明白。“当时贵州省设计院总工程师、贵州省文物处总工程师拿着这本绘图册考了我七夜八天，结果我全答上来了，还反过来考他们。”陆文礼腼腆地笑了笑，“他们考我，一是想确认这本鼓楼绘图册是不是我独立完成的，二是想了解绘图册里代号的意思。”

摄影_杨代富

云南、海南岛、浙江、上海等省市，以及深圳锦绣中华民族风情区、北京亚运村民族园等景区，也都可以看到他的杰作。

“师”不仅是技术的集大成者，也要承担传道、授业、解惑的责任。这门木工技术传统上只靠言传身教。

不画图纸的掌墨师，为什么要画设计图册？“1985年到（凯里）金泉湖主持修鼓楼，开会讨论，大家都觉得鼓楼的结构很难，我觉得挺简单呀。”陆文礼就冒出要做鼓楼绘图册的念头，“当时我不晓得这图纸宝不宝贵，我心里想的是，修鼓楼的技术一代代地传承下来，到我这一代，可不能断根绝种。要怎么做才能传承得快呢？出图纸。”陆文礼开始在纸上画鼓楼整体的施工图，“当时也没有别的掌墨师想画施工图，也没有看正规的施工图怎么画，就尽我所知，画下来。”耗时两年，鼓楼绘图册完成，陆文礼还设计了三四十个只有他自己才看得懂的代号。

现在，他还在带徒弟，“有了图纸，他们学起来要快很多。”徒弟中有八九个已经成为独当一面的掌墨师。

陆文礼已不再亲自掌墨，但仍会到各地指导鼓楼的修建。他说：“我特别爱好这门活路，而这活路已经变成我一生的钻研。”

固守传统的苗族银匠

風

撰文 李岚 艾可 摄影 白文浩

打工潮冲击下，银匠后代有不少弃匠艺下海打工挣钱。有的人走出家门，视野开阔以后，变得对本民族工艺缺乏自信心，认为手工制作还不如机械制作省时省料，杨光宾很担心。

“无银无花，不成姑娘”。苗族传统中，没有银装，姑娘就无法谈婚论嫁。因此，苗族女子一出生，家人就要开始为她积攒银饰嫁妆。苗族女子的银饰代表家庭的财富和社会地位，这些银饰是传家宝，传女不传男。银饰也是苗族精神文化的重要代表，银饰上的纹样记录了苗族的历史文化，表现了苗族的民族审美和祈求安定幸福的愿望。

过去，苗族银饰的加工全是手工完成，根据需要，银匠把熔炼过的白银制成薄片、条或丝，利用锤錾、錾刻、镌镂等工艺，制出精美纹样，再焊接或编织成型。一件银饰有时需经二三十道工序才能完成。

出生于贵州黔东南雷山西江控拜银匠世家的杨光宾，是家族的第五代传人，也是家中平辈里唯一子承父业的银匠师傅。他从小耳濡目染，对银饰制作有特殊感觉，六七岁就给父亲帮手，13岁正式跟随父亲学习银饰制作技艺。早些年打银收入微薄，杨光宾小小年纪就挑着风箱、松香板、锤子、凿子等工具，跟着父亲走村串寨，边讨饭边找活干，也曾有外出一个月两手空空回家的境况。正式学习仅一年，他便出师了，“各类银饰我在心里早已打了千万遍。”接下来数十年，除农忙时回家务农外，杨光宾其余时间都以在外游寨打银为生，走遍了雷山县各个苗族村寨以及广西、湖南等地。“现在很多地方苗族家里，还保留着我当年给他们打的银饰。”他从别的苗族银匠那里，吸收了许多技术和设计，逐渐融合发展出自己独有的打银技艺。

随着经济的发展，以及旅游业、文化产业的兴盛，人们对苗族银饰的需求越来越大，“现在外地来买苗银的人越来越多”。许多银匠开始调整自己的制银技艺，适当将传统纹样简单化、现代化，以满足顾客的需求。这本无可厚非，但是有些银匠已经完全抛弃了传统纹样，只做现代纹样。杨光宾不能接受，“你说是苗银，以苗为名，没有苗族的文化传统哪称得上苗银？”

除了在锤砧劳作上是行家里手，银饰造型本身对银匠的技术要求更高，非个中高手很难完成。苗族银饰在设计上追求华丽，但在造型上又有其稳定性，银饰形制往往是一个支系的重要标志，一经祖先确定，即不可随意改动。苗族银匠既要善于从与苗族历史和文化密切联系的传统纹样中汲取创作灵感，还需根据本支系的传统习惯、审美情趣，对细节或局部的刻画推陈出新。不同支系的苗族对银饰佩戴的审美认识是不同的，并不完全是越重、越大、越多就越美，雷山地区就是以佩戴讲究、合适的银饰为最美。

银饰制作工艺一般是子承父业，以家庭为单位世代相袭，手艺极少外传，传承方式相当脆弱。在雷山县的银匠村，能真正继承和发扬这门传统手工艺的银匠只有不到40人。

杨光宾的儿子杨昌杰是为数不多的外出学习工作后返乡学制银的年轻人，但父子俩的理念不同，经常因为要不要创新发生争执。“我儿子啊，搞创新，我是有要求的，第一要搞细致，第二要加入苗族文化的内涵，第三个就是不能搞假的。搞我们这一行你只能自己保护自己……”

“现代纹样的银饰，对顾客来说，到哪里都可以戴，离开了苗寨也可以戴。苗族传统的，挑场合挑搭配，平常戴不了。让我父亲放弃传统，那是不可能的。但是坚持传统，也要生存。适当做一些创新旅游产品，有了收入，才能更好地保护传统。”儿子的这个观点，杨光宾反驳不了。

深山里的擀香人

風 撰文、摄影 韦祥龙

高香燃烧时散发的独特香味，是都匀人除夕夜特殊的嗅觉记忆。

大年三十这天清晨，都匀人开门第一件事情就是点高香，然后才开始贴春联、做年夜饭。一根高香燃尽之后再续一根，青烟袅袅直至新春的钟声敲响。高香长达两米，每根能燃烧数小时，高香燃烧时散发的独特香味，已成为一代代都匀人除夕夜的嗅觉记忆。

隔妹河和对门寨一带的布依族村寨里，有几十户人家世代传承着擀香的手艺。

农历七月，金学芳和姨娘们就开始去森林里采香叶。香叶取材于木姜子树，这种植物的花、叶、果都会散发一种特殊的香味，树叶用来做香料。一户制香人家每年要用掉四五担香叶，加起来有一百多斤。木姜子树长在寨子周围的深山密林中，要走一个多小时才能找到。采摘季节，学芳和姨娘们日出而作、日暮而归，有时甚至在密林间的大石板上相互依偎着过夜，就为了在树叶长到最成熟时尽可能多地收集最好的制香原料。

香叶采回来后，摊在房顶院前曝晒，打成香粉。晒香叶期间还要准备木炭，制香用的炭是用河谷一带的芦苇、蕨类以及一些小灌木烧成的。香叶和炭要分开打碎再反复筛过，做出的香才瓷实、均匀且不易碎。过去，香粉靠舂碓脚踏来打碎，打不了几斤，流的汗就能把香粉打湿。如今，机械粉碎机取代了这项繁重的体力活。

蒿枝杆做“骨”。蒿枝生长在野地里，砍

搓香。搓香需要准备香粑，将香叶粉和炭粉按1：1的比例搅拌均匀，再兑以清水；香叶粉遇水后，其中的胶质会渗出，经双手像揉面似的不停搅拌、揉捻，就会变得像糍粑一样有黏性和韧劲。

回来后剔掉多余的枝丫，只留主干，晾晒至半干，一边用火烘烤，一边掰直，这样，香干燥定型后能均匀、笔直。

忙活大半年，将制香的材料准备妥当，便到了搓香的季节。先在2.5米长的案板上撒上一层香粉，拿起蒿枝秆和一块制好的香粑，左手压蒿枝，右手用力压香板、香粑，一边滚一边把香泥往左手方向搓，同时需要蘸上香粉，才不会粘回案板上。搓好的香整齐地平放在案板上，等水分蒸发、香泥变硬就可以立在房檐下阴干了。

忙碌的日子会一直持续到腊月下旬。学芳做好几千根高香，在屋檐下摆满，等着丈夫从外省打工回来，和她一起到集上卖香。

开集前夜，学芳和丈夫就和寨里的制香人约好，用三轮车拉着香去往都匀市中心的老街。为了占个好位置，大家吹着寒风守着香，生上一盆火熬过冬夜。开市这天清晨，市民拥入年场置办年货。高香是过年重要的必需品，买香的人络绎不绝。学芳和丈夫一边捆香，一边数钱，弄得满脸香灰也来不及擦。

大年三十晚上回到家，给一家老小带来欢乐的不仅是他们花猫似的脸，还有要被几百张零钱撑爆的大小背包。学芳把这些零钱往地上一摊，堆出个小山，所有的疲惫都被收获的喜悦彻底冲散。一家人围坐在火塘边，丈夫在神龛前摆好供奉祖先的菜肴，点燃香烛，在家门口点燃一支高香。春节就在这高香散发出的独特香味中开始了。

制作芦笙的巧匠

風

摄影 陈沛亮

2 3
4
5 6
1 7 8

1 制作芦笙所用的工具。

2 黔东南州从江县贯洞镇今影村，工匠们制作的芦笙是传统的六管芦笙，主要由簧片、笙斗、竹管和共鸣筒构成，沿用了传统的宫、商、角、徵、羽五声音阶。

3 现年59岁的梁本先是村里技术最好、名气最旺的师傅，有四十年芦笙制作经验，培养出多名芦笙制作能手。

4 今影村的芦笙制作都以家庭手工作坊为主，制作的诀窍和绝技父传子、子传孙，世代相传。芦笙制作工序极为烦琐，学习者只能在实践中，靠自身的悟性和感觉，不断积累经验、逐渐体会。

5 制作共鸣筒。芦笙需要共鸣筒来达到和声效果。共鸣筒制作十分讲究，需要根据芦笙大小挑选不同竹种加工 。

6 制作簧片。响铜簧片气鸣发音，其音阶的高低，全凭制作工匠特有的辨音能力来确定。今影村的芦笙匠人都有超强的辨音能力，他们手工制作出来的芦笙，各个笙管音阶音准不差分毫，不同的芦笙工匠制作出来的芦笙，均能在一起和谐地吹奏。

7 制作笙管。以专用的芦笙竹为原料，竹竿直径通常为1.2厘米左右，节长40~50厘米。工匠以所要制作的芦笙共鸣筒的长短大小来截取芦笙竹。先将芦笙竹竿在火上烘烤，手工把竹节处扳直，再用通条打通结节。

8 近几年，吹奏芦笙活动被视为传统文化得到重视和开发，芦笙制作订单也逐渐增多。每年春节前夕，是制作芦笙最忙的时节，侗族地区各村寨都会召集人员到鼓楼里议事，商定制作芦笙。有财力的村寨会做上百把芦笙，小一点的寨子就做十多把，工匠们都忙不过来。

侗族鸡骨算卦

風

摄影 陈沛亮 等

2 3
4 5
1 6

1 2015年农历正月初一，黔东南州黎平县双江乡黄岗村萨坛正在进行的神秘“侗族鸡骨算卦”仪式。鸡骨算卦是当地侗族流行的一种祭祀、占卜用术，已有数百年历史。它源于古越人对鸟的崇拜，最终在生产生活中逐渐形成了体系完整、丰富多彩的占卦习俗。

2 祭师助手带来一只小鸡。

3 祭师把用于祭祀的鱼、米、茶、酒、肉和一只活蜘蛛放在萨坛旁，生火等待。陆续来了24名男子（代表一年24个节气），每人带着一块肉和一钵酒，把肉挂好，把酒倒入早已备好的酒坛。

4 祭师双手拿着鸡，念着祭词，鸡在他的手里慢慢地死去。

5 鸡完全断气后，祭师把鸡腿剥扯下来，放入锅中煮。煮的同时，祭师还要数鸡羽，察看鸡嘴，判断来年是不是雨水充足。

6 鸡腿煮熟，由主祭师交给另一位祭师。他要把鸡肉从腿上褪干净，把鸡骨用麻绳绑在稻秆上，小心翼翼地用4支竹签插进鸡骨缝隙，交给主祭师。

7 | 9
 | 10
8 | 11
 | 12

7 主祭师拿来古老的鸡骨算卦书，和那24名男子一起对照图案判断今年寨子是否风调雨顺、凶吉如何等。

8 占卜要进行几轮，直到找到吉卦为止。其他村民在这段时间内不能开火，只能聚在一起静候结果。

9 “鸡骨卦”很庄严，有许多忌讳，不许吵闹打扰，不许说不吉利的话，不允许女人参加，等等。摄影 _ 杨通荣

10 主祭师和大家屏气观察。两轮过后，终于找到吉卦，卦上说今年风调雨顺，没有什么灾难。

11 大家心情很好，留下祭祀用的肉后，把剩余的肉放在一起，再按人头分配各自带回家。

12 下午，祭师和众人又到萨坛进行祭祀，请萨玛（侗族祖母）庇佑黄岗侗寨今年风调雨顺、大吉大利。然后，大家一起喝酒吃肉。

黔东南

物

GENUINE
SOUTHEAST
GUIZHOU

提到酸汤，外地人最熟悉的或许就是酸汤鱼，这道菜已经成为黔东南甚至整个贵州的一张名片。

物

无酸不成苗

撰文 黄菊 摄影 陆宇堃 等

中原的离乱迫使一批批苗族人从世代居住的鱼米之乡迁到崎岖贫瘠，尤其缺乏盐产的黔东南，于是发明了酸——酸汤、酸菜等各种酸食。人体对钠离子的需求几乎只能从盐中满足，酸食虽然不能直接补充钠离子，但可以帮助减缓钠离子的流失，让身体保持健康状态。

此外，酸汤止泻防痢，又有不错的解酒功效，对食不新鲜、离不开酒的苗人、侗人来说简直就是天赐的食补佳品。

酸汤——黔东南的味觉名片

2009年的一个秋日，我与一众友人会聚在北京方家胡同46号院内的“猜火车”主题餐厅。这家餐厅以电影为主题，做的又是在北京较为小众的贵州菜，在当时显得十分有先锋气质。餐厅创始人张瑾那晚推荐的招牌菜是酸汤鱼、酸汤菜、酸菜豆米火锅。都是酸的？是的，这就是贵州人对酸的执迷。

我的家乡是紧邻贵州的重庆，也吃酸，但我们的酸，仅限于坛子里的腌菜，著名的招牌菜酸菜鱼，也只是在里边加一点酸菜——酸，只是调味用的配角。但贵州的酸，是主角，是背景，不管是鱼、猪脚等肉类，还是蔬菜、豆类，都是在酸汤里煮。酸汤是舞台，各种菜只是这舞台上的不同角色而已。之前在各种餐厅都吃过贵州菜，但只有那晚，我们才觉得吃到了最正宗的。

只有我们这样的外省人才会笼统地称呼“贵州菜”。在贵州内部，他们有更细的划分，张瑾是黔南（都匀）人，她偏爱西红柿制成的红酸，酸味香浓、醇厚；但她的好朋友，黔东南的杨宏，却独独偏爱清亮爽口的白酸，原料是煮过米饭的米汤。

杨宏是一位画家，凯里人，苗族，在北京想念家乡的味道，索性开了家专卖酸汤米粉的小店。没有任何多余的搭配和装饰，只用酸汤熬制的米粉不仅迷住了他的山西妻子张淑华，也迷倒了一众食客。

张淑华从来都称杨宏“凯里人”而非“贵州人”，因为凯里代表的黔东南食谱，尤其是酸汤，与贵州别处都不同。她自己从刚认识杨宏时就跟着一起吃酸汤，结婚十五年，现在不仅天天不离酸汤，并且已经晾得一手好酸汤，在北京家中全年都存放着几坛子。

米粉（线）是我的最爱，我在北京各大餐厅，也在各个原产地吃遍了云南过桥米线、桂林米粉、四川米线和长沙米粉（包括常德津市牛肉粉）。我喜欢过桥米线的汤汁和加在米线里的小菜小料，喜欢桂林米粉本身的圆润厚实，四川米线胜在麻辣调料，长沙米粉在炒码上下功夫……总之，这些粉都有漂亮的装饰，像施了粉黛的美人。但杨宏家的酸汤米粉，却是完全的素颜：在一碗普通米粉里加上一勺汤

苗寨中的地道酸汤鱼并不穷极讲究，要求的原料不多，但每一味料都有它们不可替代的使命，共同成就一锅最正宗的苗家酸汤鱼。

好的白酸汤，清亮、不浑浊，味道酸爽、回甘，口感浓醇、润滑。酸汤是黔东南苗族的饮食秘籍，只有读懂这一碗经过奇妙发酵的液体，才能真正理解黔东南的饮食文化。

摄影 _ 陈沛亮

汁，但米粉和汤汁的味道完全重叠、融合，米粉里有汤汁的酸爽甚至是淡淡的酒香，汤汁里有米粉的米香。后来才知道，他们汤汁的比例有严格控制：5成红酸汤、4成白酸汤、1成清开水。

在爵士乐的背景下，人们一边吃着米粉，一边聊着艺术界的各种事，成为当年望京的一种现象。张淑华说："我们家提供最好的音乐，也提供最正宗的酸汤。其实白酸汤才是苗族的'土著'文化，红酸汤虽然现在用途更广，但它是后来才流行起来的，是流行文化。"果真如此吗？

酸汤鱼——最能代表苗族的一道菜

到了黔东南州的首府凯里，自然要去品尝最地道的黔东南味道。吃什么呢？当然首选著名的酸汤鱼。对黔东南十分了解的苗族向导张忠标不假思索地向我们推荐了一家：快活林。这是一家改良版的酸汤鱼店，适合年轻人，也适合外来者。

创始人吴笃琴20世纪80年代末开始在路边摆摊卖酸汤菜，但当时生意并不好。一次，吴笃琴偶然把丈夫买回的鲤鱼放在酸汤里煮，发现极其美味，后来一传十、十传百，客人就慢慢多了起来。那个时候谁也没有想到，三十年后，酸汤鱼竟成了这个城市的名片。

我得公正地说，我在"快活林"吃的酸汤鱼，要比北京的"猜火车"好。刚开锅时，盛一碗酸汤，入口是柔和清透的酸，隐隐的木姜子味道使酸度更显活泼轻盈；快结束时，再喝一碗，甜味更明显，唇间能感受到黏稠的质感。热汤加上发散效果极好的木姜子，一顿饭下来，后脑前额透出微汗，精神爽冽，头脑轻松，喉间回味悠长，留着一股凉悠悠的甜。“快活林”所用的江团鱼，肉质细腻，有一丝甘甜，比传统食材鲤鱼和草鱼都更鲜美。在酸汤里久煮后，鱼的鲜味儿散入汤里，汤的果香、酒香渗入鱼内，堪称绝配。

那天我们吃的酸汤鱼，酸汤也是用白酸汤和红酸汤兑制成的。说到这里，我还有些糊涂：到底什么是红酸汤？什么是白酸汤呢？

按张淑华的说法，理想的红酸汤，需由小粒的野生西红柿熬制，这种西红柿果肉多、紧，酸味足够，也没法做其他用途。怎么做呢？很简单，将西红柿洗净，晾干，直接放进土坛子里，放到快满时，在上面加少许盐、酒糟，盖上盖子，再在坛子沿儿的四周加上清水，使西红柿不和空气接触。这算是做好了第一步。再之后，就是不断续上干净的清水，保证坛子沿儿上始终有水，等上10~15天，就可以开盖了。做得好的话，刚开启坛子时，会有一股馥郁的果香和酒香从坛子口扑鼻而来，往内看，西红柿的果肉部分已经烂软，沉淀到坛子底部，而浸润在果肉上面的，是六七成的果汁，这就是红酸汤。

白酸汤完全不同。只需抓一把糯米，洗净，水煮；待煮沸后，将米粒盛出来，剩下的米汤放到坛子底部，加盖，密封，用水隔绝空气。往后每日的米汤，都以同样的方式加进去，和前日的混合，等到有六七成满时就封起来。这就是白酸汤。为什么要用糯米的米汤呢？因为黔东南盛产糯米，而且糯米的米汤黏稠，有质感。当然也有人从第二天、第三天开始，只加入淘米水，这样出来的酸汤更清亮、更好看。

但那天我们在“快活林”吃的红酸汤，并非纯粹用西红柿熬制的，而是加了四种辣椒。具体是哪四种、怎么配，就是吴笃琴独创的秘方了。

怎样才能做好酸汤菜肴呢？其实工序并不复杂，但各有秘诀。问到“吴氏酸汤鱼”的秘诀所在，吴笃琴只说了一句话：“有灵感，用心呵护它。”以前农家做酸汤时，讲究不那么多，比如米汤或淘米水中若略有杂质或泡沫，也不一定都要捞干净。她把全部流程加以精细化，使自家酸汤能以比较稳定的品质规模生产。张忠标的说法则略有不同：酸汤有性情，性情随主人。“小时候我妈妈做酸汤，每次加水时，都会和酸汤说话：‘你看我给你加水了，你要好好的哈。’我问她为什么和一个坛子说话，她说：‘你不和它说话，它怎么和你说话呢？’”

一碗碗酸汤停不住地下肚，酸爽与畅快驱走了饭后的困倦，思维也活跃起来：按吴笃琴的说法——她在无意间开创了酸汤鱼的吃法，那么在她之前，人们不吃酸汤鱼吗？其实不是的，在那之前人们也吃，但一般只在农历八月收稻谷时才吃。这又是为什么？

酸味中的地理密码

张忠标身材矮小，性情敦厚，是地道的苗家人。他的工作，就是带外来游客领略黔东南。黔东南的特色当然是苗族、侗族文化，这份工作使他有很多机会向外传播苗、侗文化，也让他自己有更多动力了解这个地方的民族。

黔东南的酸汤存在多种不同的味型。除了最常见的用糯米汤发酵制成的传统白酸外，明清时代西红柿传入，用野生小西红柿（毛辣角）做的红酸汤味道更香浓，也广受欢迎。贵州有嗜辣的传统，在雷公山一带流行把腌制的糟辣椒与酸汤混合食用，通称糟辣酸。除了这几种广泛流行的酸，在黔东南州和黔南州的一些地方，还有更加奇特的制酸方法：腌酸，由骨头和一些细碎肉质发酵而成；臭酸，顾名思义，是把每顿吃剩的菜收集起来发酵而成，一家开启臭酸坛，满村满谷都能闻到一股腐臭之味；还有一些临水村寨会用小鱼小虾腌制鱼酸、虾酸。摄影 _ 赖鑫琳

在张忠标看来，苗族人的历史文化都可以投射到日常生活里，而酸汤，是理解苗族历史文化的一把重要钥匙。在黔东南地区，苗族、侗族以及水族、布依族等民族都嗜酸，但他觉得苗族和酸的关系最紧密。按照他的解释，是中原的离乱迫使一批批苗族人从世代居住的鱼米之乡迁到崎岖贫瘠，尤其缺乏盐产的黔东南。怎么解决盐的问题？于是发明了酸——酸汤、酸菜等各种酸食。人体对钠离子的需求几乎只能从盐中满足，酸食虽然不能直接补充钠离子，但可以帮助减缓钠离子的流失，让身体保持健康状态。

贵州的确是片缺盐的土地。旧时代尚且不论，单说近年日本大地震引发的抢盐风潮，远离东海“核辐射”的贵州人竟是抢得最凶的，有些人家甚至能存上一两千斤，就是因为祖祖辈辈缺盐缺怕了。盐不是粮食，但是没有了盐，干活儿就没力气，所以对农人来说，最贵重的就是盐。张忠标说他小时候逢年过节，家里没有糖果，大人就会抓一把盐，给小孩子轮流舔一下。

以酸代盐，这是目前学术界也普遍认可的原因。同是苗族，生活在清水江两岸的人对酸汤的爱好就不如山区苗人强烈。《孤独星球·贵州》的作者袁銮认为，这是因为清水江两岸古时是贵州的交通要道，四川的盐与内地的粮顺着这条江岸边的古道往来交通，有了盐，就不那么需要酸了。

社会发展到今天，在几乎任何一个偏远的村寨都能买到廉价而充足的食盐，按理说人们早已不再需要被迫食酸替咸。但实际的情形并非如此。酸汤不仅依旧被黔东南的人们喜爱、推崇，更被推广到了全国。这又是为什么呢？

祖祖辈辈的味觉乡愁固然是个重要的原因，但仔细思考一番，会发现答案还是隐藏在黔东南这片山水之中。黔东南地势较低，紧邻湖南、广西这些潮湿溽热的地方，气候其实并不像省会贵阳抑或邻省云南那样舒适宜人。在这样的气候条件中，腌渍与发酵是储存食物的最佳办法，酸汤、酸菜、酸鱼、酸肉……泡菜、腌菜在中国南方并不罕见，但像黔东南这样食不离酸的，还是屈指可数。

黔东南夏天的溽热不仅是食物的天敌，也是“磨人的妖精”。湿气、瘴疠熬得人疲惫乏力，人们对抗这种不适的秘密武器就是酸汤。据研究，酸汤中含有一定量的酒石酸、苹果酸、乳酸、乙酸、柠檬酸和少量的丁二酸，其中的钙、磷、铁、锌等矿物质成分利于人体吸收，代谢后又能产生碱性物质，阻止体液向酸性变化，对保持神经、肌肉的兴奋性以及维持机体的酸碱平衡具有重要的作用。所以，黔东南人时常碎碎念的“三天不吃酸，走路打蹿蹿”，是有科学依据的。此外，酸汤止泻防痢，又有不错的解酒功效，对食不新鲜、离不开酒的苗人、侗人来说简直就是天赐的食补佳品。

雷公山是红白两酸的天然界限吗？

从凯里出来，往雷公山方向，浅浅的巴拉河与县级公路平行蜿蜒，并把南花、季刀、朗德（分上、下两个寨子）几个苗寨串联起来。这几个苗寨相隔不远，平均不到5公里一个，同属凯里市，地形也接近，吃酸的口味却不尽相同。

郎德上寨的酸汤很著名，所以我们只在南花和季刀匆匆留影就赶往朗德。和大多数苗寨一样，郎德也依山而建，前临河，后

黔东南的酸食不仅有酸汤，腌酸菜也是其中很重要的内容。

黔东南自古缺盐，酸食是盐的一种有力替代。黔东南缺盐的原因是交通不便，远离清水江盐粮古道。反观居住在清水江流域的苗族、侗族和其他民族，就不是非常嗜酸。

依山，外在风貌非常完整：公共空间芦笙场位于寨子中央，羊肠般的石头小径串联起家家户户，中间点缀着明镜般的水田。不像南花、季刀就在公路边，郎德上寨要沿汇入巴拉河的一条支流上溯一二公里，河流两岸如桃花源一般宁静。这也是张忠标很喜欢的一个苗寨，那里有他的好朋友老村支书。

支书家的房子共两层，二层中间一间房是半敞开的公共空间，靠河边一侧有美人靠，下面正对一块水田。农历八九月稻谷收割完后，稻田就会开田放水，但他家习惯保留一两块水田养鱼。我们准备在这里也尝一顿酸汤鱼。晚餐的鱼就养在这田里，是传统酸汤鱼常用的鲤鱼。支书夫人带我们到厨房参观，让我们始料未及的是，他们这里几乎不吃白酸汤，只吃红酸汤。“白酸汤没味道，淡淡的。”支书夫人说。此外，这里的红酸汤也不是用西红柿在坛子里腌成的汁，而是在白汤里加几勺腌制的糟辣椒。支书夫人告诉我们，从这里往南，翻过雷公山，几乎都是这种吃法。

专程为了“正宗的”白酸而来，却寻而未得，我们都有些失望。幸好，支书夫人告诉我们，不用走远，相邻的南花苗寨就有传统的白酸汤可吃。

在去南花的路上，张忠标告诉我们，郎德支书家喜爱的糟辣酸在雷公山附近确实受欢迎，甚至进入黔南州地界，也能找到很多喜食辣酸的村寨人家。但根据他的观察，所谓“红白酸汤分界线”其实并没有那么明确。过去雷公山以南的居民相对更喜欢味道更加浓郁的红酸汤和糟辣酸，但现在这个区别越来越不明显。白酸早已深入雷公山之南，而且不光苗族，那里的侗族人家也制得一手好酸汤；看起来更诱人的红酸也在山北人家的餐桌上占据着一席之地。

贵州博物馆的学者申敏认为，黔东南地形破碎、山壑纵横，所以在文化和习俗上存在着“大相近，小分割”的形态，“总体上因为缺盐，所以黔东南普遍嗜酸，但在用酸上呈现出难以胜数的多样性，从原料上分糟酸、米酸、糠酸、毛辣酸、鱼酸、臭酸等，味型上又有咸酸、辣酸、鲜酸之分，细分下来，几十上百种打不住”。地理的分隔造成了酸汤种类如此细碎的区分，有些地方甚至一山一谷、一村一寨都有自己独特的制法和味型。海拔2217米的雷公山是一个天然分界线，把黔东南从地理上一分为二，有如天堑，山两边的人们鲜有机会交流沟通，生活习俗也就更多地循古而少变。

然而随着交通条件的改善，口味之间的壁垒逐渐被打破，哪怕是雷公山，也挡不住融合和趋同的大势。我们寻觅和讨论红酸汤和白酸汤分野界线的同时，可能忽略了一个问题：这二者在席卷黔人餐桌、形成二元分野形势之前，本来也经过了一个漫长的淘汰弱势者的过程。一些味道不理想、制作不方便的酸汤品种在这个过程中慢慢消失，被红白酸汤所同化。在红白酸这种“强势文化”的侵蚀之下，最终所有的酸汤可能都会融合，甚至红和白之间的区分也会慢慢消失。州府凯里的城市名片酸汤鱼，不就是把红白两种酸汤兑在一起、不再强调区别的典范吗？

我们沿巴拉河返回南花老潘家拜访。老潘也是张忠标的老朋友，说明来意，他很不好意思地说，他们家的白酸汤前一天用完了，要去邻居家借一点。这种邻里间互赠酸汤的友好行为被苗家人认为是一种美德。

那天老潘家正好请工人修房，夜幕时分，我们和工人，连同老潘一家老小，在院子里围着火塘吃白酸汤鱼火锅。以白酸汤为底，久煮鲤鱼，汤的酸和鱼的鲜彼此渗入，又没有其他味道抢戏，二者都很纯正。十来个人一边吃一边聊天，火塘的微光映在每个人脸上，随着夜幕一点点更深地降临，大家脸上的微光越来越红。过去苗家的农人们或许就是这样，围坐在火炉边，一边吃着酸汤菜、酸汤鱼，一边讨论着今年的收成或是临近的节日吧？如此说来，酸汤鱼不只是一道菜，也是一种能把大家聚拢一堂的公共信物。

有意思的是，据张忠标的观察，以吃白酸为主的区域，性格更趋恬淡、安静；而以吃红酸为主的区域，人们喜热闹，也更好动。

苗族的迁徙史与禾花鱼

雷公山不仅是地理界线，也是民族分水岭。山北主要居住着苗族；山南以侗族、水族为主，其间杂居着一些苗族。苗族的酸汤最为著名，那么翻过山去，别的民族食酸情况如何呢？

山不高，不知不觉就进入爬升过程。慢慢的，车外温度越来越低，雾气越来越重。一个接一个的拐弯。爬到山顶，有一个苗族村落乌吉。两个妈妈带着孩子在院子外围着火炉烤火，旁边一位老人戴着眼镜，埋首在一块蜡染布上细细作画。她作画没有参考图案，全凭记忆、想象。问她在画什么，她说是河流。什么河流？黄河。

苗族在稻田中养鱼，不仅是为了充分利用自然环境，也是一种有关民族历史记忆的传承。苗人始祖来自中原的滨水地带，很早就有吃鱼的习惯。苗人祭祀时，供奉给祖先的贡品一定少不了鱼。

摄影 _ 李长华

苗族没有文字，过去的历史全写在服饰上，而他们的历史，几乎就是一部迁徙史。张忠标把苗族类比犹太人，他们都在漫长的历史中，在全世界迁徙。苗族从黄河下游迁到淮河流域，再迁到长江流域，并从长江下游、中游，一点点退到武陵山区、黔东南、云南、四川，甚至远徙东南亚的原始森林，从一个平原上的水边民族，逐渐迁徙成山居民族。苗族妇女便把这迁徙史绣在服装上，比如有一种“迁徙裙”，裙面的81根横线便是九黎部落81 个氏族的象征；而大多裙裾上的三条彩色横纹，分别代表黄河、长江和苗族人在西南渡过的数不清的河流。

火炉上烤着鱼，是一种腌鱼。稻田开田时，当时吃不完的鱼就用水洗净，剖开鱼肚，在里面放一点糯米或是辣椒面，放在坛子里腌着，可以一直吃到来年。腌鱼可以蒸着吃、煮着吃，也可以这样烤着吃。

一过雷公山，村寨风貌大变，随处可见高耸的鼓楼和风雨桥，那是侗寨的标志。我们经榕江县城继续南下，去拜访著名的侗族大歌村子加所村。都说苗族人住山上，侗族人住水边，我们一直顺着一条小溪进来，越走越深越隐秘，很有进桃花源的兴味。到了村子口，遇见一群玩耍的孩子，问他们村子中心在哪里，他们直接指着鼓楼的方向。鼓楼、风雨桥、戏台，是侗寨最核心的三个公共空间。刚才一路同行的那条小溪在村口就消失了，但是在鼓楼那里重新出现，而且水量更大。村子顺着溪水延伸，人们分住溪水两侧，四周都是郁

招待客人的场合从田间地头转移到自家餐桌，场景改变，但桌上的酸汤鱼不变。酸汤鱼、浊米酒，不仅是苗家的草根美食，也有着一种维系乡邻关系和情感的纽带作用。

郁葱葱的森林，如果从空中俯瞰，这一定是一个极美的寨子。

天下着小雨，淅淅沥沥，我们坐在侗族人家屋里吃饭聊天。门口的溪流哗啦啦流过，外边鼓楼里，孩子们正围着火塘嬉戏。餐桌上也有腌鱼。那是有鱼鳞的鱼，但是柔软细嫩，入口即化，而且味道丰富，有层次，裹在鱼身上的辣椒面也很香。为什么不去鱼鳞，而且鱼鳞这么细嫩？这与这里养鱼的特殊方式有关。

这里的鱼是放养在种植着糯禾的水田里的。每年农历三月栽种秧苗时，鱼苗也下到田里；八九月收稻谷时，鱼也一起捕捞。养在稻田里的鱼，喜食禾花，于是称之为禾花鱼。但在稻田里养什么鱼，很讲究：草鱼吃草，会把稻苗也吃了；鲫鱼太多刺，吃起来麻烦；还是鲤鱼最好，不大，而且嫩。稻田鱼肉里会有稻花香，鱼鳞也柔软可食。

在黔东南，无论苗族还是侗族，都有这种稻田养鱼的耕作方式。其实，这也解释了我从"快活林"带回的那个疑问：苗族为何习惯在收稻季节吃酸汤鱼？很简单，因为肉很奢侈，鸡鸭要在过年前才能宰杀，这个季节只有新鲜的禾花鱼可吃。此时正当农忙时节，亲朋之间会聚集在一起互相帮助收割，主人家招待来客自不会只提供清汤白水，当然也用不着大费周章：在田头支起锅灶，煮上酸汤菜，把刚刚从田里捞出的鲜活鲤鱼扔进汤中，用不了多久，就可以宴客了。所以，最传统的苗家酸汤鱼其实还真算不上什么登堂

收获季节，同村四邻会互相帮助抢时间割稻。主人把田里现捕的鲜嫩鲤鱼投入大锅与酸汤菜一起煮，就成了简便易行的待客大餐。这种吃法是酸汤鱼的雏形。摄影 _ 杨通荣入室的大菜，而是一种来源于农家、十分简易而朴素的火锅菜。

酸汤与药性

返回凯里的路上，途经张忠标的家乡台江，我们准备去他家坐坐。

台江号称苗族人密度最大的地方，几乎全民都是苗族，和侗族、水族的混居之地相比，这里的饮食习惯更符合苗族传统。张忠标说，在他的记忆里，小时候每家每户都做酸汤，一年四季都吃酸汤，而且是纯正的白酸汤。

他的父母已经离世，但叔伯还在。我们到时，伯母已经为我们准备好酸汤菜：不放任何调料，只用白酸汤煮白萝卜。这是他们自己最寻常的吃法，酸味不重，但是绵长，喝一口汤，感觉全身都被激活，舒展、清醒。张忠标常年在外，很少回家，一旦回来，少不了被老同学拉去吃饭喝酒。苗族人很嗜酒，也容易喝高，但是醉酒后，只要喝下白酸汤，就会有很好的解酒效果。所以苗族人喝酒时，旁边必备一碗白酸汤。而以前农家过年杀猪，大家都是大口吃肉，旁边一定放一碗红酸汤，吃一口肉，喝一口酸汤——酸汤解腻。

张淑华说，她夏天出门活动一整天后，回家喝一碗凉酸汤，全身便可放松、活络。去年她在凯里住了一两个月，每日食用酸汤菜，结果原本怕冷的她，整个冬天都不知寒冷。看来，酸汤也是一把祛除湿冷的利器。

按说，物极必反，如果食酸太多，人会不会产生一些特殊的疾病？回凯里后，我特意去苗侗民族医院请教了几位医生。医生们都表示至少目前没有发现过因酸致病的例子，倒是因酸“治”病的例子不胜枚举，其中对消化系统疾病的药用效果尤为突出。苗医熊兴是医药世家，他和我分享了一个实例：他的一个病人腹泻一个月，怎么吃药都不好，后来在朋友家住了三天，连吃三天酸汤菜，腹泻就好了。侗医杨昌润也给了我一样的答案，他说酸汤治疗腹泻，文献里亦有记载，清代《黔记》载：“黔人每岁三月洗白菜铺巨桶中，加以小米，层菜层米，满则以巨石压之……其汁治泄泻痢疾，甚效，土人呼菜。”

酸汤与苗族

去拜访民族历史学家雷秀武那天，又是艳阳高照，我们坐在他家的花园里，晒着太阳，听他无边无际地追忆苗族过去的辉煌历史。

在雷秀武看来，苗族的历史有多久，酸汤的历史就有多久。一般都将蚩尤与黄帝的涿鹿大战作为苗族第一次大迁徙的标志，但他认为早在这次大战前，苗族已经形成民族统一体，而且已经开始食酸。要产生酸，必须具备两个条件：水乡泽国、气候湿热。而涿鹿大战所在的今河北北部地区干燥严寒，是不可能制作酸汤的。这只能说明，在此之前，当苗族人还居住在黄河下游和入海口一带时，已经学会了做酸汤。而且除了黔东南，除了贵州，几乎所有苗族人居住的地方都嗜酸，足以说明第一次大迁徙前，苗族人已经学会了做酸食。

最初的酸汤是怎么制作的呢？雷秀武说，很早以前，苗族人已经发现吃剩的食物放久了会变酸；淘米水放的时间长了，也能形成酸。最初酸的制作包括两种方式：淘米水加热，由霉根菌发酵而成；酿酒的时候，酒糟没发好，往里边不断添水，也能逐渐发酵、变酸。苗族歌谣里唱道：“酸溜溜的汤哟，酸溜溜的郎，酸溜溜的郎哟听阿妹来唱，三月槟榔不结果，九月兰草无芳香，有情山泉变美酒，无情美酒变酸汤……”相传远古时候，苗岭山上居住着一位叫阿娜的姑娘，长得貌美，而且能歌善舞，擅酿制美酒，追求者门庭若市。凡求爱者，姑娘就斟上一碗自酿的美酒，心仪者喝了便觉清如山泉，不中意者喝了，只觉其味甚酸，心里透凉，但又不愿离去，便有了这首山歌。这也说明最初的酸汤有一部分是用酿酒后的尾酒酿制的，只是这种酸，人们慢慢觉得不太理想，就淘汰了，只剩下淘米水制出的酸。“也很奇怪，用自来水就是不行，可能因为自来水里加了漂白粉，会抑制霉根菌的生长。”雷秀武说。

围绕着酸，苗族人形成了一系列的酸食文化。酸菜：收青菜吃不完，就把它洗了，晾干，放在坛子里，变酸；腌鱼：如前所述，吃不完的鱼，就在鱼肚里加点糯米，放在坛子里腌上，发酸；酸肉：直接把肉放在坛子里发酵；腌汤：最初也是用吃剩的肉发酵而成……雷秀武少时上山干农活儿，不要干粮，只包一点酸菜，就着山上的泉水把酸菜泡一下，就是可口的食物。

酸汤在苗族人生活中的意义不仅体现在填饱肚子，更体现在形而上的精神领域。祭祀祖先时，必须有酸汤鱼（在雷秀武老家丹寨县，也会用酸汤煮猪头），而且不能放盐。只有酸汤煮的鱼和肉，才会保佑他们，不用酸汤，“挑剔的”老祖宗们是不认的。女孩出嫁时，嫁妆里会有两条煮熟的酸汤鱼，暗示繁衍子孙，也提醒姑娘不要忘了本，留有妈妈的酸汤，就要经常回家来；而男方，也必须用这两条酸汤鱼祭祀祖先，才表示祖先接受了这位姑娘。

按理说，黔东南的苗族多居住在山腰、山顶，鱼和他们生活环境的关系不大，但在所有的祭祀活动里，可以没有别的肉，却不能没有鱼。雷秀武说，这从另一个角度证明了苗族曾经居住在大海边，居住在长江、黄河、淮河入海口一带，就像妇女们在裙摆上刺绣的内容一样，他们是从平原上的江海之地，一步步迁居到内陆山区的。

那么酸汤呢？如果说食用酸汤的习俗是在迁入西南深山之前就形成的，那么苗族如今对酸的偏好，是否在代替盐的现实需求之外，包含了对民族文化习惯的延续？我想这是可能的，因为苗族是一个对自身历史记忆和传承非常重视的民族，他们既然会在衣服上刺绣民族历史，为何不能让这记忆汇聚在唇齿之间，代代相传于舌尖之上呢？

如果酸汤、酸食文化和苗族有这样的渊源关系，为什么苗族之外的民族也嗜酸？雷秀武解释：“节庆文化是酸汤的重要推手，苗族人节日多，每逢节庆的时候，便有外地、外民族的人来参加，在节庆上品尝了酸汤鱼，觉得不错就学着做呗！加上其他民族自身的一些酸食习俗，酸就慢慢从一种民族文化扩展成了黔东南这整片地域的饮食文化。如今，不仅苗族，侗族人的酸汤也做得有模有样；其他民族，如布依族、瑶族、壮族、土家族、畲族、仡佬族……大家也都喜欢酸，家家晾酸汤。”

雷秀武一直在文献中研究酸汤，却从未成功做出过酸汤。到底怎样才能做好呢？有人说酸汤和人一样要接地气，坛子必须直接接触土壤；也有人说灵感到了，信手拈来，不必强求。张忠标认为，如果一个人做两次酸汤都不成功，就不要做了，酸汤也在选择人、拒绝人。说法如此多样，足见在几乎每个黔东南人心里，都有自家的酸汤秘诀。最简单的工艺，最能见证制作者的用心和灵感。

糯米是黔东南侗、苗民族的主粮。千百年来，人们能在这片并不丰美的土地上代代繁衍，糯禾的生命力和适应性居功至伟。

物

糯禾，饭桌上的图腾

撰文 吴再忠 摄影 旷惠民 等

水稻是南方的象征，而在贵州的东南一隅，人们却执着地保持着对糯禾、糯米的偏爱。无论是香飘一方的糯米饭，还是黔东南那醉倒万千游客的酒坛，追根溯源，都与糯禾有着千丝万缕的联系。在黔东南的众多村落当中，无论杂交水稻如何普及，糯禾依旧是耕田种地的首选。

在侗族人眼里，糯禾是口粮，也是所有仪式的道具。

冬天的从江县占里村，河的两岸满是禾架，聚满成排的水滴，不时被微风吹落。我来得不是时候，糯禾都已经晾晒完毕、藏入谷仓，如果能提早两个月来，就能看到童年时代给我印象最深刻的禾浪了。此时，我只能在旧照片中重温那份记忆中的壮美。

不远处，一辆装满农家肥的红色农用车正在发动。占里人的农田，百分之九十以上都种植糯禾，糯禾田里不能用化肥，农家肥是必不可少的。

木制蒸笼里的家常味道

水稻是南方的象征，而在贵州的东南一隅，人们却执着地保持着对糯禾的偏爱，无论是香飘一方的糯米饭，还是黔东南那醉倒万千游客的酒坛，追根溯源，都与糯禾有着千丝万缕的联系。在黔东南的众多村落当中，无论杂交水稻如何普及，糯禾依旧是耕田种地的首选。

每天晚上八点左右，54岁的占里妇女吴奶春芳就开始在她家一楼的厨房里忙活。她用南竹制成的筒状量器从米缸里盛满12筒糯米，每筒大约一斤，这些糯米是不久前她刚刚用打米机脱壳而来的。12筒糯米被平整地铺在铝盆当中，吴奶春芳往铝盆中加水，当水位越过米粒表面5厘米左右时，就将塑料瓢放回水缸中。这一切，她操作娴熟，因为每天都在重复着同样的动作。

为铝盆盖上盖子，吴奶春芳一天的劳作就算结束了。而一家人次日三餐的口粮，此时正在铝盆中逐渐吸水、膨胀，经过浸泡后的米粒白得发亮，像被牛奶浇灌过一般。第二天早上7点刚过，吴奶春芳将松香点燃，小心翼翼地放入用砖头砌成的炉灶当中，然后加上干柴，火势便微微涨了起来。她麻利地将锅清洗干净后，舀了两瓢水，架入木制的蒸笼。她在蒸笼的隔层里放入屉布，将浸泡过十多个小时的糯米倒入其中，盖好。

当吴奶春芳做好这些工序，一家人也都起床了。随着火势的不断催化，糯米的清香开始在整个厨房中扩散，这越来越浓的香味，勾引着吴奶春芳一家人起床后的食欲。

大约40分钟后，糯米饭出锅了。米粒在

清明前后，灌过水的梯田在柔和的天光之下显得格外柔美秀丽。然而这种美感仅限于感官。在实际生产中，黔东南的土壤普遍具有冷、阴、烂、锈的特点，一些娇贵的粮食作物难于生长，只有本地原生的糯禾品种适应性最好。

糯禾的收割季节在深秋，收讫的禾穗不脱粒、不入仓，而是要放在专门的禾架上晾晒。禾架上晾满禾穗的景观俗称“禾浪”，给侗寨点染上了一层金黄的色彩。

热气的催化下，舒展了整个身段，黏在一起，散发出油亮的色泽和淡淡的清香。急于外出忙农活的家人，迫不及待地随手抓上一团糯饭，就着生腌鱼或其他菜品，匆匆完成了侗族人家一顿普通的早餐。

吴奶春芳该忙的事情还没有结束，她将这些热腾腾软绵绵的糯米饭，倒腾到有盖的木盆里，这个木盆专门用来装糯米饭。她说，这样储存，无论在春夏秋冬，糯米饭整天都能保持绵软黏连的口感。

在黎平肇兴、水口、龙额等侗寨，如果当天的糯米饭没有吃完，女主人们会将剩余的部分晒干，积累到一定量后，再将晒干的糯米用菜油或茶油炸。米粒在高温和油料的作用下膨胀，形成类似于爆米花的爽脆口感，待油渍风干，就成了众多侗族村寨中流行的油茶的原料。

从生到死的糯禾情结

新生、婚嫁、节庆、建房、祭祀、葬礼……从出生到死亡，侗族人民的生活起居、风俗习惯，被贯穿整个人生的各种仪式所代入。这些带着神秘色彩的习俗或仪式当中，糯米的身影从未曾缺席。这种类似宗教般的传承，成为侗族人记住过去和走向未来的双向桥梁，这对一个没有文字的民族是非常重要的。

儿女出生是家庭大事，收到通知的亲属，会由家中较为年长的女性带上3斤糯米和一只公鸡前去探望。之所以选择妇女前往，大概是因为产妇需要坐月子，男性委实不太方便。送去糯米与公鸡，很大程度上是为产妇补充营养。

将贺礼送到主人的手里，礼节并未就此结束。主人家在收取客人的糯米和公鸡后，往往会在来客的米袋中留下一小把作为回礼，意在祝愿对方鸡鸭成群。

在物资匮乏的年代，糯米和土鸡绝对算得上是一份厚礼。在襁褓中啼哭的婴儿，此时虽然还不能尝到糯米的软绵味道，但他们的出生，在某种意义上是由百家饭来迎接的。随着时间的推移，婴儿的胃口早已不能满足于母乳，把这些亲戚朋友送来的糯米舂成面后煮成糨糊状，则成为婴儿们的可口美食。侗族人在闭塞和贫穷的环境中摸索出这一套因地制宜的生存智慧，其实并不比大城市的人落后。据生在北京的80后友人回忆，他们幼年时代还不知进口奶粉为何物，母乳不足时，米糊糊同样是妈妈和姥姥们喂饱孩子的“秘密武器”。

在侗族地区，新生意味着喜庆，但人们更加敬畏死亡，所以在直面死亡时，往往也有更多的习俗和禁忌。在侗族人特有的各种仪式当中，人们可以直白地谈论新生，但在谈论死亡时，都会习惯性地用隐晦语句来表达，甚至某人离世，亲属也遵照约定俗成的套路，用极为委婉的方式通知亲朋好友。

侗族人对死亡的敬畏，不仅仅体现在禁忌上。在这个人生走向终极的时刻里，糯禾也是当仁不让的主角。侗族老人去世后要择良辰吉日下葬，在下葬前的这段时间里，逝者会被静置在棺木中，棺材的一端供奉糯米和腌鱼；地理先生（侗族民间负责主持婚丧嫁娶仪式，看日子、时辰与风水的地方法师）为逝者作法超度时，用来插放香烛的，也是盛满竹筒的糯米。

在榕江和黎平，很多侗族聚居地筹办丧事的传统习俗被很好地保留下来——家中有

糯禾坚忍，却并不温驯。收割糯禾是一件费时费力的工作。收割人要用专用的小型禾刀把禾穗部分一株株剪下来，禾秆只剪取一小段，捆扎成一束束以便储存。

摄影 _ 杨通荣

糯禾的丰收，象征着生生不息的希望。禾刀被磨得铿亮，反映了侗人对收获的重视。摄影 _ 杨通荣

对糯禾的情结贯穿了黔东南人生活的每个角落，婚丧嫁娶、节庆祭礼，都少不了糯禾的影子。

摄影 _ 杨通荣

老人离世，逝者家门口会挂上一把糯禾，供前来凭吊的亲戚朋友随意取下一棵带回家。收获—枯萎—死亡—回归泥土—来年再生，这是植物最基本的自然属性，却正切中了人对往生者的一种期待：生死轮转，轮回往复。因此，糯禾作为与侗人生活息息相关的植物，被赋予了吉祥如意的象征意义。在侗族人看来，哪怕是自然死亡，也并非人生圆满，面对死亡之后，需要某种仪式性的行为来扫掉晦气，被带回家的这棵糯禾就是沟通阴阳两界的信物。

除了葬礼，每月初一和十五，侗族人家的神龛上也都会摆放新蒸的糯米，用以祭奠祖先。而在象征着聚拢祖辈神灵的祠堂里，糯米更是座上常客。

作为两个孩子的父亲，39岁的黎平高冷村人吴志国每年农历正月初一都要到距离村子一公里左右的吴家祠堂去祭祀。这是高冷村吴姓家族的规矩——家中凡添男丁，男主人每年都要如此照办，家中只有女儿的则被排除在外。

这个祠堂的位置是由祖辈们请地理先生选的，布置有些简陋，仅用三块石头砌成类似门的形状，每年正月初一祭祀时，就将香火插在门的两旁。这种仪式感十足的祭祀，从开始准备到最终供奉，都极为讲究。一块糍粑，一碗糯米饭，几片精选的五花肉，一枚白煮的鸡蛋，以及少许自酿的米酒，是吴志国带去的供品。

吴志国每次带去供奉的糯米饭，是当天早

起现蒸的，糍粑则是在腊月二十八当天打好的。在高冷村，打糯米糍粑看起来有趣，但耗费体力，所以往往是两个青壮年对站，将糯米蒸熟后放在石臼里，先揉后打，直至将糯饭捣成糊状。此时，轮到女主人们登场。她们先在手上涂满茶油，将糊状的糯米捏成坨后再用手或木板压，为了让糍粑圆润光滑，两个糍粑之间都会留出很大的空间，以免它们粘在一起。这样，无论是摆在神龛上，还是拿去祠堂供奉，才不至于变得奇形怪状。

眼看起高楼，眼看她出嫁

吴永泰扯着沙哑的嗓子，指挥众人将捆成排的木柱抬起。作为高冷村一带著名的木匠，他已出师十余年了，主修的房子难以计数。无论是高冷村，还是临近的盖宝村、色边村、绍洞村，都有他主修的房子。

在侗族地区新修木房子，无论从财力、物力以及人力来说都是耗费巨大，仅仅准备的时间就长达一两年。从上山砍倒杉木到自然晾干抬回家中，就能花去大半年。在高冷，吴永泰的名字已经成为招牌，从选取杉木到设计结构，他都能做到让每个雇主无从挑剔。但是，真正竖新木房的那天，主角却并不是他。

新房立柱，照例要择良辰吉日，哪怕时辰在清晨五六点，整个家族的人都得早起帮忙。男的抬柱拉绳，女的洗菜煮饭，小孩则当下手，像一场重大且未经彩排的演出，其中所有环节都不能出现任何纰漏。仪式开始，先是地理先生将桌子选好位置摆放好，随后，主人准备好的糯米、猪头和公鸡被逐一摆出。在地理先生的桌子上，有尚未脱粒的糯禾，也有已经蒸熟的糯米。等到整个新房的骨架撑好，七株颗粒饱满的糯禾将被悬挂在房子正中间的主梁上，象征着五谷丰登。家境殷实的人家，在待客的餐桌上还会摆放大碗大碗的糯米饭，毫不夸张地说，糯米充实了侗族人新房的每个角落。

侗族村寨中常有同村不同俗的现象。高冷村以吴姓和杨姓两家为主，杨姓侗族人在起新房的时候更为讲究，在木匠下墨（一种起新房的仪式，木匠用蘸满墨汁的线，为木柱或木梁画纹路，做结构上的设计）当天，会新蒸一整锅糯米饭摆放在新宅基的中心位置，由木匠诵念一些口诀，然后才下墨动工。这锅糯米饭是供奉祖先的，祈求他们保佑新房的建造顺顺利利。

在高冷村，外出打工的人逐年增加，距离村子太远的稻田只能草草耕种，糯禾种植面积也越来越少，人们已经习惯了杂交水稻所带来的简便。然而传统的仪式不能马虎，绝不能用普通大米偷换糯米，因为这是在糊弄祖先。木匠吴永泰说他见过很多为了起新房，而到处去买糯米的人。

距黎平县城40分钟车程的岩洞村是个有几百户人家的侗寨，铺在整个盆地状河谷当中。五个自然寨不规则地散在河的两岸，鼓楼交错地矗立在吊脚楼当中，显得古朴而自然。岩洞村最大的节庆是每年农历六月六和正月初五，前者重在斗牛，后者重在踩歌堂。到了这两个节日，家家户户都会准备相当于平时数倍饭量的糯米。这是一种约定俗成的习惯，为亲朋好友登门喝酒做好准备。

但是，糯米的作用远不止于此。这个村子的娃娃亲传统大多早已被自由恋爱所取代，但专职媒人吴健霞经历过的订婚场景，还是像过去一样盛大而且传统。

媒人登门说亲，女方答应之后，最繁忙的将是男方家。从年头到年尾，每逢当地的节庆，男方都要准备些许糯米。农历四月八，给女方家送去糯米饭；农历五月初五，给女方家送去粽子。最重头的是正月初二，男方家准备好糖果、糯米、糍粑，这三样东西一样都不能懈怠：糖果袋数必须为双数，蒸熟的糯米按担分后也必须是双数，糍粑也必须是双数；家庭条件稍好的，糍粑往往千数起底。一切准备就绪，男方家族所有的已婚妇女，挑着糖果、糯米和糍粑，有说有笑地送到女方家里，哪怕两家是左邻右舍，这样的习俗也不会被免去。就这样逢年过节为女方送糯食，要从头到尾走完一遍传统的“流程”，男女双方才能开始谈婚论嫁。

如今，岩洞村糯禾的种植面积也在减少，只有待子女需要订婚时，主事的家长要么在头一年未雨绸缪地将往年种植杂交水稻的田地临时改种糯禾，要么远赴仍盛产糯米的双江、口江一带买米。

但是无论糯禾的种植面积如何改变，它在侗族人的心目中仍然无可或缺。立新房，娶新人，在这些破立之间的重大事件里，侗族人始终保持着对习俗的尊重，这是民族自我认同感的延续，也是侗族族群之间辨认彼此的方法。在他们脱去侗衣、穿上时装之后，语言、饮食和习俗成为辨认侗族人最有效的标识，而糯米在这个过程中的作用不可估量。

生、丧、嫁、娶，这些有关民族传承与延续的重大事件中总少不了糯禾的身影。糯禾是与侗族人的生活结合得最紧密的植物，在知识还不普及的年代，侗人对世界、对人生的认知很大程度上源于围绕糯禾的观察和思索，也因此，糯禾很自然地被赋予神性，充当了用以沟通天人的信物。表象如此，而实际上，糯禾受到的神性加持，反映出这个民族对自身最朴素的哲学认知：我从何处来？我将向何处去？

在侗族的创世神话中，始祖姜良、姜妹成亲后生下一个没有人形的肉团，他们把肉团剖开、剁碎，撒向大地，变出了人和万物。细想一下，有没有发现这与糯禾成熟、散开满身的谷粒养育侗人的过程颇有些相似？作为百越民族的后裔，在黔东南土生土长的侗人不像近邻苗人那样经历过长途而艰辛的迁徙，本土糯禾的种植传统，几乎伴随了侗族传承生息的全部历程，侗民族的历史，就凝聚在那一洼洼水田里。我从何处来？从糯田中来。

糯禾生性粗犷，适应性强，在娇贵的杂交水稻无法生存的劣质田中照样能顽强生长，这性格似乎与生长在这同一片土地上的侗人如出一辙。糯禾映射着侗族一代代先人的影子，也是在世侗人自身的写照，从糯禾身上，他们能看见这个民族的过去和现在。饱满多籽的禾穗，直观地承载着侗人对“多子多福”的期望。在一些地方，比如锦屏县的平秋地区，用糯禾秆捆扎的扁担、水瓢是男性生殖器的象征，它们会被用作一种祝福，送给新婚夫妇——对生殖的向往，无关低俗，而是一个族群对自身延续与传承的最朴实的关切。我向何处去？糯禾告诉你。

侗族式生存之道

侗族大歌的走红让这个原本默默无闻的少数民族知名度陡增，也慢慢成了外人心中的侗族名片。侗族大歌在精神层面上确实对侗族人影响深远，但作为侗族的一员，我认为彰显着侗族式生存智慧的稻鱼鸭农业系统才是更值得一说的。

新房开工，人们用糯米、鸭蛋、生血进行一种仪式性的活动，道具中最大量、最吸引眼球的就是那一碗碗满满的糯米。

新房建好后，转过年来，收割回的糯禾会被用来在新家祭祖。供奉祖先的一定得是糯米，如果用普通大米偷换糯米，是对列祖列宗的大不敬。

糯田养鱼是黔东南侗族人的一种传统智慧。鲤鱼喜食稻花和害虫，游动时搅起的泥水有助于营养物质扩散，同时鱼粪也是良好的天然肥料。一季稻，一季鱼，种稻时撒下的鱼苗，收完稻后也已长得膘肥体壮，等待人们的捕捞。

对于稻鱼鸭生态系统，生物学家们以现代科学的眼光去探究流传千古的传统与智慧，为其赋予了诸多内涵。但若只是想了解一下这种祖辈传承下来的经验，其实也很简单：以谷雨前后为节点，在犁耙好的稻田里插入秧苗，同时将鱼苗放入其中，等到鱼苗长成两三指大小，再把雏鸭放入田中。鱼捕食害虫，排出的粪是良好的天然肥料，是糯禾的最佳伴侣。鱼以鲤鱼为最佳，因为鲤鱼不喜吃草，不会像草鱼一样，把幼小的秧苗当作食物；而且稻田鲤鱼喜欢钻入秧苗根部捕食，练就一身紧实细密的鱼肉，吃起来口感上佳。鸭子爱在田里来回游动、扑腾，把水下的泥土和养分都搅和起来，起到除草、松土、保肥和促进肥料分解的作用。

稻鱼鸭系统的核心，就是在一丘田里挖掘出多重功用，将狭小空间变得立体，实现了收成的多样化。在同一土地面积上，既有水稻产出的植物蛋白，又有鱼和鸭作为动物蛋白的来源，人能够获得更加全面的营养。与普通稻田的单一植物产出系统相比，稻鱼鸭系统呈现出了侗族人自身难以总结的立体感和层次感；在生物学的范畴里，稻鱼鸭系统层次依次增多，无形中将食物链拉长，其食物网也随之更加复杂，对生物多样性的保护起着很好的作用。

这个农业生态系统看似简单，但其中也蕴藏着很多奥妙。这些奥妙都是侗族祖祖辈辈在耕作中积累出的历史经验。占里村的吴世光老人告诉我："稻鱼鸭系统成功的关键在于鸭子放入的时机。鸭子放早了，会影响秧苗的稳定，鱼苗也有可能被鸭子吃掉；放晚了，鸭子营养跟不上，生长不好。只有让鸭子和鱼同步生长，鸭和鱼才能和谐共生。"

糯禾、鲤鱼、田鸭，有时还会有水牛参与其中——这是物种间最佳的搭配，而这最佳搭配的核心又是糯禾。黔东南糯禾秆高，生长周期长，高高竖起的禾秆让叼鱼的鸟类难以靠近，构成了一道天然保护网。而且糯禾收获晚，收割时也只割稻穗，禾秆会留在田里，这样田里的鱼儿就能一直放养到冬天，人们可以从容地等待鱼长到膘肥体壮再行捕捞。对鸭子来说，糯禾稀疏的秆丛中间是理想的游弋捕食场所，禾秆与禾秆之间的空间足够宽敞，正适合体格较小的本地鸭种。待到冬天，收鱼宰鸭充实窖藏的同时，一部分水田会被排干晾晒，种上一茬绿肥，再放牛进来，这些肥嫩的小草就与糯禾的高秆一起成为牛的美餐。当然，牛也不能白享受"美食"，必须留下上好的肥料——粪，何况，来年开春，耕田犁地，都在等着牛贡献劳力。

但是，如此科学合理的生态系统，也曾遭遇过危机。从20世纪70年代开始的"糯改籼"推广，到90年代杂交水稻的普及，使得黎平、榕江、从江三县的不少侗族村寨放弃了成熟期较长、一年一熟的糯禾，转而选择在别处种植速生高产的杂交水稻。

这种看似增收的选择，却让部分农田陷入了困局。杂交水稻种植密度大，植株根系发达，往往只能选择浅灌和晒田，这无形当中也导致了鱼的产量减少。此外，种杂交稻需要大量使用农药和化肥，不仅造成农田生态环境质量的下降，也切断了鱼、鸭、牛在这个生态系统中的生路。

随着侗族地区的经济发展，粮食紧缺的问题也得以解决，如今，不少村寨重回稻鱼鸭和农家肥的模式。侗族人历经千年的耕作智慧，正因农产品质量安全问题，以传统农业保护与发展的面貌，被更多人所熟

用糯米制成的食品是各种礼俗上的常客。在从江县岜沙，糯米糍粑上用天然植物染料点染了五彩的花饰，看起来漂亮又喜庆。

建新房立新柱时，主人家通常会准备足量的糯米，用以招待来客。

识。侗族祖先那套完全凭借与大自然斗法所悟出的经验，正在被更多学科加以解释。这是没有文字的侗族人留给世人的遗产。

永不消失的禾浪

为什么喜欢吃糯食？黎平县黄岗村村民吴正国和从江县占里村村民吴世光，给出了几乎相同的答案：在相当长的一段时间里，依山傍水而居的侗族人，往往不可避免地陷入地少人多的恶性循环。这种情形所带来的结果，就是不断地往山上寻找适合开垦的地块，路程遥远，甚至需要披星戴月去劳作。由于长时间很难在家里吃一顿热饭，糯米黏稠和绵软的特性让它成了耕作者的首选主食。蒸煮好的糯米携带方便，不需要重新加热，一两天都不会变硬而难以下咽。此外，有些生活经验的人都知道，糯米胀肚、消化慢，充饥效果远超过普通稻米，是长途耕作时最理想的干粮。

不仅如此。杂交稻在黔东南遭遇的最大难题就是土质和水源，这里普遍存在着冰冷的活水、稀烂的田土、背光的山谷，以及渗出铁锈色水源的田块，都不太适合娇气的籼米生长。物竞天择的自然选择，给糯米的生存赋予了宽敞的舞台。传统的本地糯禾品种都经过长期的选育，对当地的水土也早已适应，甚至在同一个村子，东南西北不同的田块也都有各自适应的专属稻种。选种经验和稻种代代相传，产出的糯禾可谓是自然选择之下的胜者。

很难想象，侗族祖先以怎样的方式为糯禾择优。在千百年演变中，侗族人培育的糯禾分化出了红糯、黑糯、白糯、长须糯、旱地糯、香禾糯等繁多的种类。从这个角度来看，侗族人的任何一亩良田，都是名副其实的试验田。

比起用镰刀和打谷机就能完成收割的杂交水稻，糯禾的收割也实在烦琐。侗族人收割糯禾用的是传统的摘禾刀，这种用钢锯或铁片磨成并用实木包裹成弯月状的工具，只能靠单手发力一穗一穗地切断禾谷。在高冷村，已经40岁的吴世品在少年时代就学会摘禾，在他看来，世代传承的摘禾方式自然也有它的道理：“每摘一株糯禾，都要保持长短一致，这样才能将禾把捆扎得更齐整，到晾晒时才不容易发芽或霉变。”

在占里河两岸的禾架上，每到秋收时节，总会挂满金灿灿的糯禾，成片糯禾连成禾浪，在阳光下闪烁着令人陶醉的光晕。这不仅是占里人的风景，也是所有侗族人的风景。

机器可以代替耕牛，农用车可以代替竹筐，但生生不息的糯禾不会被替代。糯米耀眼的光泽和丰腴的米粒，是侗族人从出生到死亡所需要的。在侗族人眼里，糯禾是口粮，也是所有仪式的道具。在占里村的鼓楼里，吴世光老人说：“占里的糯禾肯定会继续种下去，这是祖先留下来的口粮。”他语气坚定，带着不容置疑的决绝。

对于侗族人来说，幸福，或许就是糯香散满吊脚楼的那个瞬间。

在岜沙，男人们在一场葬礼前一天，聚集在一起做糯米饭吃，准备着第二天的仪式。

秋千节前，女人们收集起打完禾剩下的干禾秆，放在水里泡软，用来制作秋千。

夕阳下，人们扛着收获来的糯禾走回侗寨。安放晾禾架的禾仓通常悬架在水面上，像个孤岛，以便防火防盗防鼠。摄影 _ 杨通荣

你的黑暗料理 我的私房美馔

物

撰文 许君达 摄影 陆宇堃

若不是路人指点，我们肯定会错过杨掌柜的牛瘪店。在黎平，做牛羊瘪的馆子数不胜数，想在街上专门去寻找一家店简直就像大海捞针。

沿着一道狭窄的楼梯上到二楼，一股浓重的腥腐味道扑面而来，味道中蕴藏着从脏腑深处释放出的生命力。“这些都是刚买回来的新鲜牛胃和牛肠，牛都是早上现宰的。”少掌柜杨洲指着面前案上一堆还在冒热气的牛内脏说道。寒冷的冬晨，这些新鲜的肉类还带着牛身上的体温，把整个厨房熏得暖暖烘烘。

一种让外人望而生畏的菜肴

少掌柜在灶前搅着一锅墨绿色的汤汁，掌柜杨细辉一边为我们讲解，一边看着时间指导儿子在合适的时机往汤里依次加入早已准备好的橘皮、吴茱萸、花椒、山柰，然后继续熬煮。待这些调料在汤汁中完全煮开、释放出自身的味道，原本并不好闻的一锅绿液开始慢慢散发出香味。

这锅视觉效果堪称惊悚的汤汁，就是黔东南侗族地区最奇特的美食——瘪。这道菜的原料是牛羊被宰杀时消化系统中存留物质挤出的汁水。我们在榕江曾偶遇了宰牛的现场。皮肉骨头分别处理完毕后，鼓鼓囊囊的胃袋被一刀剖开，里面的绿色草碎从翻开的刀口中破壁而出。宰牛师傅抓起一捧草碎，脸贴上去深吸了一口气，面带陶醉地捕捉着这来自牛胃里的气味：“这是我们侗族人最爱的味道，用它做的牛瘪是侗族人最香的菜。”

不过在杨掌柜的家乡，黎平县西北部的尚重地区，人们更喜欢用牛羊小肠前段中的液体做瘪，因为这个部位里的杂物更少、汁液更丰富。

肠子一定要选小肠的最初段落，等待牛体吸收的营养物质都集中在这个部位，只有经验丰富的师傅才能把握好选取诀窍，取少了浪费，取多了会影响味道。“肠子越往后的部位，里面剩的营养越少，到了最下方，你懂的，里面就只有牛粪了。”少掌柜一边谈笑，一边把大锅中熬好的汤汁倒出来，再放进藿香、香芹及多种叫不上名的调味料，一锅牛瘪汤就大功告成了。这汤可以直接喝，但更多的客人还是喜欢传统吃法：瘪汤牛肉火锅。

牛羊胃肠中残留的草碎、汁液是做瘪的原料。“瘪”是一种菜肴，经过精心过滤、熬煮并辅以多种香料制成的瘪汤一般用来炖牛肉，也可直接喝。这道菜味道怪异，但黔东南南部的侗族、苗族等认为它有很好的肠胃保健功效。

新鲜的瘪有浓重的腥腐气味，有经验的厨师会在烹饪时加入多种不同的香料以遮盖不良味道，同时激发出一种鲜香，让人食欲大增。

到访匆匆，我们其实并没有看到制作瘪汤最复杂也最费工夫的步骤。从新鲜的牛肠到浓郁的牛瘪汤，要经过两次长时间的熬煮。先把肠皮和汁液一股脑儿放进锅里煮，待草碎翻滚肠皮软嫩时，营养便都融入了汤汁。这时捞出肠子，滤掉渣滓，剩下纯净的“鲜”汤。随后，加入各种调味料，再熬煮，让汤汁变得更浓。

苦到尽头是回甘

这种在外人看来堪称“黑暗”的侗族料理，味道究竟如何呢？

杨掌柜从冰箱里拿出一桶熬好的瘪汤，向里面加入半矿泉水瓶淡黄色的液体，然后请我品尝。坦白说，调制好的汤汁闻起来还是很香的，花椒与吴茱萸的香味混合在一起，甚是诱人。然而，满满一铁桶墨绿色的浓汤，上面飘着黄黑相间的调料，夹杂着一些凝结成块的牛油，这种视觉效果，恐怕会吓走胆量不够大的尝试者。

下定决心，闭上眼睛，稍稍抿一口，一股苦味顿时充盈了整个口腔，像小时候生病时被大人强行灌下的药，刺激得我不嗜苦的味觉细胞直激灵，随后便是毛孔扩张、浑身通透。原来，掌柜往汤里注入的“点睛之笔”是牛胆汁，瘪汤本就自带苦味，再勾兑上味道更足的牛胆，那种苦感可想而知。“再多品一会儿，除了苦，还有更丰富的味道。”按照杨掌柜的提示，我慢慢回味，确实，苦凉之后紧随而来的是爽口的甘，久不散去。在随后的很长一段时间内，嘴里都回荡着一种清新的苦感。

不多时，少掌柜端出一锅热气腾腾的瘪汤，汤里煮着红嫩的牛肉。这就是侗族地区最受欢迎的牛瘪火锅了。牛肉很新鲜，丰富的汤汁稀释了瘪汤的清苦，蘸水里的辣椒也遮不住肉本身的鲜香味道。

对美食有所研究的人都知道，好的牛肉不需烹调，生食方为极致。开饭之前，杨掌柜指示儿子专门腾出手，挑选了一块生脊肉，细细地切成丝。

当我们围桌坐定，品尝瘪汤时，又一道菜被端上来，细细的生牛肉丝与凉瘪汤和更多的香料拌在一起。品之，苦中带香，让人食欲大开。这道生拌牛瘪是很多当地老饕的私房美馔，最鲜活的肉与最原味的汤简单搭配，杜绝了其他无关味道的抢戏，最粗暴也最尽兴地将牛瘪汤苦中回甘的滋味呈现出来。

亦食亦药的黔东南味道

客观地说，如果只论口味，瘪汤应该不属于外人很难接受的地方名菜，其“排外指数”至少不会高于大名鼎鼎的老北京豆汁儿。真正会吓到远方来客的，无疑是它的食材，除了牛羊瘪，在侗族的一些地方甚至还能吃到兔瘪、鼠瘪。

侗族人为什么喜食如此奇怪的食物？

食瘪的习俗其实是从黔东南传统侗药中衍生而来的。侗医称瘪为“百草汤”，因为牛羊会选择无毒无害、营养丰富的植物去吃，黔东南的乡野中又盛产药草，人们相信这些“百草”在经过牛羊的消化之后药性会更强，有养胃护肠的作用。贵州省博物馆的学者申敏告诉我，侗人吃瘪，真正的需求其实是混合在胃肠遗留物之中的消化液成分，它具有健胃消食的功效。原来，牛瘪馆掌柜在瘪汤中加入胆汁，并非因为味不够苦，而是遵循传统，保留这种食物的本质。他们作为传承者，可能对先人为何会这样做并不了解，也不关心；他们需要做的，只是把这民族的古老传承延续下去。

侗人喜食不易消化的糯米，而且侗族聚居区域夏季普遍潮热，饮食不洁或变质在所难免，人们的消化系统常有疾患，因而“食瘪养胃肠”的传统土方历史悠久，从唐宋时代就以“青羹”“圣齑”之名见于史籍。一方水土，一方医药，一个地方的地理环境决定了人的生理需求，有需求自然就会促生解决方案。

药食同源。饮食文化其实是一种补充需要，其本质上的来源是本地居民的生理需求。就像黔东南的瘪一样，民族医药，时间久了就演变成地方美食；饮食习俗，总是会符合一方人民的所需。“简而言之，就是缺什么，吃什么，补什么。”申敏总结道。

饮食习惯既然更多由地理环境决定，那么自然也不会严格地区分“自我”与“他者”，外来者居住久了，慢慢都会被熏陶。在黔东南，很多外来者在尝试过牛羊瘪后也渐渐喜欢上了这道菜，有些甚至比本地人更加痴迷。杨掌柜经常接待外地人，“有人回到家乡后，还专门请我把瘪汤包装好，翻山越岭地给他们快递过去呢”。

我忽然想到“风俗”这个词。所谓的“风”，指的就是这种不分你我远近的渐次浸染，像风一样席卷大地。蔚然成风，自然成一方之俗。

纸寿千年

物

撰文 雷虎 摄影 张律堂 等

手艺世家的千年之“承”

一条狭窄的乡村公路，左边脚下是一条奔腾的河流，深秋，水清且浅，却有着不容小觑的能量——在前面三十米见方的地方，一座挡在它前面的山岩被开膛破肚，切割出一座天生的石桥，石桥村便因桥得名。公路右边有一座高约百米的悬崖拔地而起，我们要拜访的手工纸作坊便依偎在悬崖的怀抱中。悬崖名为大岩脚，手工纸作坊也以大岩脚为名。

丹寨手工纸有几十道工序，大岩脚下的作坊只做其中最重要的工序——抄纸。

穿蓝布衣手工抄纸的大叔名叫王亚平，今年40岁，抄纸的经验已经超过二十八个年头。一群刚才还在看石桥的小游客看到王亚平开始抄纸后纷纷过来围观，让这安静的手工作坊瞬间充满了演唱会般的喧嚣。

石桥手工制造白皮纸的历史可以追溯至唐朝。安史之乱后，原居湘鄂的苗人又一次大规模南迁，开始进入贵州，包括造纸在内的一些手工艺也被带进贵州的深山之中。千百年间，很多地方的造纸工艺逐渐失传，唯有丹寨石桥的传承始终没有间断，只有些许小的技术改进。比如，以前制作纸浆时要用木棍搅拌，如今改用了电动搅拌机。王亚平插上电后，搅拌机涡轮开始转动，他面前的一池浆水如烧开的白粥一般翻滚。在池水翻滚的间歇，王亚平走到大岩脚边上的树丛中，拽下树上的一根树枝，开始向围观者讲解丹寨手工纸工艺。

“我们丹寨做的手工纸又名皮纸。皮，便是这种树皮。这种树名为构树，浆水中这些如白粥一样的东西，便是构树皮捣碎后变成的纤维。我们采集来新鲜的构树皮，削掉外皮，留下内层的麻质，经晒干、水沤、浆灰、煮料、河沤、地灰蒸、漂洗、选料、碓料、袋洗，然后才能进入现在这个步骤。这一切工序都是由工匠亲手完成的。”

搅拌是为了让这些纤维在水中均匀分布。搅拌机工作几分钟后，王亚平把搅拌机拎出，双手抡起如纱窗一般的竹帘浸入混满纸浆的池子中，再舀起。竹帘出水时外高内低，竹帘中的纸浆水一边由外向内流，一边往下漏，水还未触及外面边框，王亚平又把竹帘按进水中。这一回竹帘出水时

被挤压脱水之后的纸浆渐具纸形，再一层一层分剥、揭下，等待焙干——由浆到纸的转变是个简单的物理变化，却是整个造纸过程中最令人期待的步骤。

用一个形似纱窗的竹帘舀起纸浆，摇匀；再入水，再抄起，再摇匀。这个步骤名为“抄纸”，是造纸工艺最核心的步骤。

抄纸用的竹帘由两个木框和一片纱网夹合而成，抄好纸后打开框架，薄薄的纸浆膜就留在纱网上。

把纱网轻轻扣在纸案上，纸浆膜就脱落下来。

内高外低，帘中纸浆水的流动方向也与之前正好相反。如竹篮打水一般，当竹帘离开水面约20厘米高时，帘中的水便已经漏空，只留下一层薄薄的浆膜贴在竹帘上，这就是纸的雏形。

“之所以要抄两段两次水，而且抄水方向不同，是为了让纤维形成纵横交错的网络。这样做出的纸张才有更强的韧性。”王亚平试图用讲解加演示的方式让观众见证并理解一张手工纸的诞生。

最后，王亚平把贴着浆膜的竹帘往身旁的案板上一贴，附在竹帘上的纸膜就轻轻地从竹帘上落下来，一层层贴在一起，如同一摞千张皮。

如今在石桥，依旧能够见到样式古老的碓、碓杆、水轮、曲柄轴等造纸器具。回家后特意翻看明代的工程宝典《天工开物》，发现其中收录的图解与石桥村中的古老工具竟是如此相似，有些甚至一模一样。这种传统的保留，得益于石桥村自然环境的闭塞，外界影响难及。然而从另一个角度看，这里过于偏僻，周边市场对纸的需求始终有限，并没有随着工业时代和消费时代的来临而增长，传统生产方式能够满足需求，谁还会有动力去改进技术、提升产能呢？这样一个阴差阳错的矛盾，竟成了传统手艺得以完好保存的最大原因。历史似乎与我们开了个玩笑。

邻家女孩引出的“变”

同在大岩脚下，有人带了一个摄像团队杀到，看似是要给潘老三拍手工纸纪录片。因此，潘老三特地请了一位养眼的美女穿上苗装，在大岩脚下开始和王亚平“打擂台”。只不过，盛装苗女既不用搅拌机搅拌纸浆，也不用竹帘抄纸，而是捧着花花草草从远处的石桥向大岩脚慢慢走近，往竹帘上放一束花浇一勺纸浆。山泉水混合草木纤维做浆，山上野花、田里杂草做墨，捞、沾、炕、晒后，再吸收点山洞里的阴风，花样美纸就出炉了。

“这种新型纸名为花草纸，是我在90年代一个偶然的机会发明的。”沿大岩脚顺河而下20米便是石桥村腹地“纸街”，石桥皮纸工艺国家级传承人王兴武，正坐在自己家的纸店门口讲述丹寨花草纸的前世今生。

王兴武家是制作丹寨皮纸的世家。他高中毕业后，子承父业做起了祖传的白皮纸，但到了90年代，祖传的纸业在机械纸的压缩下日益萧条，石桥白皮纸最后的市场需求只剩下做爆竹外包纸。屋漏偏逢连夜雨，1996年后，国家禁止私造爆竹，石桥皮纸连最后一个阵地也沦陷了。王兴武只能关了家里开了几代的手工纸坊，外出打工。

“1996年底，一位到深圳打工的邻家女孩给我写信，说香港有客人需要定制一种做包装用的‘特种’花草纸，问我能不能做。为何不能做呢？花草纸比白皮纸工艺还要简单啊！只要把山里的花花草草包进纸浆，‘特种’花草纸就诞生了。于是香港持续不断的订单就跟过来了。”王兴武指着自己家作坊门口“石桥黔山造纸合作社”的招牌，开始讲述石桥手工纸的当代史。

还是那些手艺人，还是原来的手艺。一个政策的改变，险些让石桥传承了几代人的手工纸遭遇灭顶之灾；一封邻家女孩的来信，却又让濒临消逝的石桥手工纸柳暗花明。石桥手工纸的命运正是现在中国传统手工艺的缩影：千百年传承的技艺，在时代的潮水中翻滚沉浮，身不由己。

王兴武的求变和创造，多少为这门手艺的延续争取了一些缝隙。面对依旧狭窄的生存空间，他也只能一变再变，迎合市场。花草纸之后，云龙纸、彩蝶纸等上百种新纸品相继被开发出来，其中的迎春纸还成了国家图书馆、国家博物馆所指定的古籍修复专用纸，他的造纸合作社也被列为国家首批非物质文化遗产传承保护基地。然而但凡这样的“变”，总会伴随着各种争议而生。“积极变革”还是“背叛传统”，王兴武选择避开这个话题。“变成国家非遗、成为古籍修复专用纸都不是我的终极目标，我只希望能做出日本和纸那样水平的手工纸，让石桥成为真正的手工纸之乡。”他曾经专程到日本考察过那里的和纸工艺，对日本匠人的执着和坚守赞不绝口，日本人对手艺的尊敬与爱护也让他印象深刻。

“纸境”无止境

今天，高山深谷再也屏蔽不住时代的冲击。夹缝求生、更新求变，还是香消玉碎，成为摆在每一个石桥手艺人面前的严峻问题。

潘老三是抄纸师傅王亚平的老板，他不仅在大岩脚下开纸坊，也在村口开了客栈。做手工纸是祖传的，潘老三有很强的绘画功底，也懂得喜欢手工纸的客人的喜好；开客栈则是被逼出来的，手工纸市场不景气时，客栈带来的收入能够弥补一些亏损。潘老三也曾经在西江千户苗寨开过客栈，他很清楚到苗寨来的旅行者需要什么样的体验。

一大早，游客们排着队浇完花草纸后，纷

花草纸是石桥手工纸的创新品类。在抄好的一层纸浆膜上放上新鲜花草，再浇一层纸浆将其封装固定，晾干即成。摄影_黄晓海

石桥村内“纸街”上，制作好的花草纸被摆在作坊门口晾晒，既是必要步骤，也是一张张天然的广告。如今，石桥村传统手工皮纸的销量不是很理想，改做花草纸的商户越来越多。花草纸成本不高，可以作为个性化包装用纸，也被作为开发旅游、吸引游客关注的一个亮点。

摄影 _ 龙继明

一些当代艺术家看中了石桥手工纸的古朴与文化内涵，尝试用它呈现更多样的艺术形式，以最古老的载体书写最现代的艺术语言。住在石桥村的艺术家余建荣的作品《汉语大字典》，是用点燃的香在石桥纸上烫烧出来的。摄影 _ 黑余

纷把自己的作品摆在大岩脚下晾晒，随后便都到附近的苗寨游山玩水去了。回来时天色已晚，正好在潘老三的客栈中打尖住店。晚餐后，村口小河边的手工纸体验馆已经灯火通明。上午捞起的纸张经过一天的曝晒，花草已经被阳光固定到纸张中，变成花草标本，被摆在体验馆的工作台前。纸匠潘老三则摇身一变，成了潘老师："白天你们自己动手参与了一张手工纸的诞生，那么晚上就见证一张手工纸如何变成一个手工笔记本吧！"潘老三带着一群天南海北的孩子们做手工，他们此时都全神贯注，生怕自己的疏忽毁坏这凝聚了自己心血的纸。父母们在旁边拍照，记录下这快乐而难忘的过程。

沿着河继续向下游行走，河水愈发湍急。忽然，山岩上出现一只深邃的"眼睛"。那是石桥村的另一个标志——穿洞。

穿洞是一条流动着暗河的溶洞，王兴武的手工纸作坊就隐藏在溶洞入口处。他隐居在这幽深洞穴中做纸，好像武侠小说中隐世而居的世外高人。

王兴武正在潜心钻研的手工纸，侧重于材质本身的属性深挖，但不拘泥于所谓的"传统"，在形式上游离于"古"与"今"两个极端之间。而在潘老三的生意经中，手工纸只是媒介，他的商业模式不在于纸本身，而在"石桥手工纸"这个品牌衍生出来的更多价值。他们探索出来的两条路径，反映着石桥村人对自家工艺传承发展的拷问与实践。

陪我参观石桥村的余建荣是一位留法归来的设计师，回国后，他选择了石桥作为自己的创作基地，用这里的手工纸作材料，尝试用纸张去承载全新的艺术形式。譬如，用没有水的圆珠笔在一摞纸上写《道德经》，或者用点燃的香在手工纸上烫出《汉语大字典》中的汉字。

"也许有的人会觉得这没有任何意义。但是，如果你看到这一摞纸，因为力度逐渐变弱，每张纸上留下的《道德经》逐渐微弱时，你会如何联想？当看到点燃的香在纸上烫出字时，字的产生伴随着纸的消逝时，你会怀着怎样的情愫呢？"余建荣盘着腿坐在小木屋门口用火在纸上创作。这位当代艺术家的创作思想，我实在无法理解，只好坐在台阶上继续欣赏石桥村的美丽风景。

百鸟加持的苗家华服

物

撰文 雷虎 摄影 张律堂 等

在黔东南旅行，最难让人忘怀的是那些穿着民族盛装的姑娘。头顶着叮当作响的银饰的少女们款款走过，似石上清泉流淌；身着盛装的女人们手牵手围成半圆跳起舞步，如彩虹坠入人间。

“那是苗族哪个支系的服装，衣服上怎么能绣那么多鸟？”在一次凯里举办的黔东南州民族盛会上，我被眼前几位穿着盛装走着奇特步法的少女吸引。黔东南各民族各支系的衣裳都惊艳异常，但是眼前这几位着“鸟装”起舞的少女却有鹤立鸡群之感。

她们来自丹寨县一支自称“嘎闹”的苗族支系，所着盛装苗语名为“欧花闹”，汉语称“百鸟衣”。

我临时更改了行程。因为，欧花闹给了我此次黔东南之行意外的惊喜。

边城山寨寻鸟衣

足足转了三个多小时，群山之间终于出现了一个孤立的乡镇，这便是雅灰乡了。雅灰山高路远，在县里号称“丹寨西藏”。它独立群山之巅，脚下层叠的山峰如同万卷波浪，拍打着海堤一样的乡村公路。山路似乎禁不住“波浪”拍打，分出一条更窄更陡的小路。沿着这小路再走十几公里，便到了送陇苗寨。

送陇是丹寨县最高最偏远的地方，千百年来一直与外面的世界保持着相当的距离。因为闭塞，诸多古老的传统得以完整地保存下来。

送陇完全符合我对苗寨的一切设想：狭窄的公路在村门口戛然而止，一株如华盖般撑开的古树下立着一栋灰暗的木楼，一位着蜡染的苗家老太太扛着一箱啤酒蹒跚而过……

穿行在送陇苗寨的木房丛林，我三步一停五步一望，希望木房子拐角处能邂逅头顶银饰、身着百鸟衣的姑娘。然而非但没看到盛装苗女，就连人影都少见。

拐过一栋新修的空置砖瓦房，便讲入一个小山谷。山谷最底部是一口杂草丛生的水塘，水塘边立着一栋灰暗的木屋。当我们靠近木屋时，突然有一条黄狗蹿出。我迎着狗蹿出的方向望去：一位身着苗家便

流传千年的百鸟华服，扮靓了深山老寨中的一代代嘎闹女子。

缝制百鸟衣前，平而猫老人会用纸先剪出希望绣出的纹样，然后坐在门槛上慢慢行针走线。如今盖了大房子，房间内的光线却总有些暗，做针线活最理想的自然光只有门口才有。百鸟衣工艺在嘎闹女性间代代传承，平而猫12岁的孙女节假日回到村里时，也会在妈妈的督促下向祖母学习绣衣。

装、梳着高高发髻的老太太正坐在木楼门口做刺绣。听到人语响，她放下手上的活，抬起了头。老人便是我们要寻访的百鸟衣传承人平而猫。

“我今年51岁，做百鸟衣有三十多年了！”平而猫坐在自家新盖起的绣楼中，拿起挂在二楼中堂里的一件百鸟衣，在儿媳平洪针的帮助下，边穿百鸟衣边讲述自己和百鸟衣的情缘。

平而猫是送陇村土生土长的苗女。在没有被认定为百鸟衣传承人之前，她甚至没有走出过苗寨。“送陇村是丹寨最偏远的地方，那时都不通公路，去一趟丹寨县城要翻山越岭走好几天。走出去，语言又不通，不如待在寨子里自在。”每一句话，平而猫都需要儿媳帮忙翻译。有一些工序不容易找到相应的词汇，平而猫就默不作声地用手上的针线一遍遍给我们演示，仿佛我们就是她的百鸟衣学徒一般。她的技艺来自母亲和姐妹，而母亲又得自外祖母的传授……百鸟衣的传统手艺就是这样母女相传、姐妹相授。

蚕丝板中体现的奢华

送陇苗寨做百鸟衣有多少年历史，平而猫自己也说不清，村里也无人知晓，只知道这是一门世代相传的手艺。倒是在成为“非遗”传承人后，专门研究苗族文化的学者告诉平而猫，百鸟衣在历史上第一次一鸣惊人，是唐朝的“卉服鸟章进长安”一事。史载，“唐贞观中，东蛮谢元深入朝。

纸质纹样剪好后，会被置于底布的合适位置上，然后依照纸样开始一针一线地绣制。

颜师古奏言：‘昔周武时远国归欵，乃集其事为《王会图》。今卉服鸟章，俱集蛮邸，实可图写。’因命立德等图之”（《宣州画谱·阎立德传》）。原来，在一千多年前的大唐盛世，苗家的这种华丽衣饰就惊艳了长安城中的庙堂朝会。

以卉服鸟章之名大放异彩的百鸟衣，能在大唐长安博得青眼，定然有它的道理。

缝制传统百鸟衣的底板不是普通材质，而是一整块上好的蚕丝板。“在制作百鸟衣前，先要排丝，这是最费工时的步骤。”苗族做蚕丝板不会像汉人做丝绸那样，让蚕先结成蚕茧，再缫丝、织丝绸。所谓排丝，就是找一块平整的木板，在上面画出经纬线，然后让正在吐丝的蚕按照经纬线在木板上边爬行边吐丝。蚕在爬行过程中吐的丝就自然而然在木板上“镀”成了一张蚕丝板。让蚕自己吐丝织绸，表面上看很“自动化”，其实是一件极端费工费时的事情，因为每一拨春蚕吐丝一次后，一个春天就过去了，要集齐能制作一件百鸟衣的蚕丝板，等上三四年算是少的。

经过数年的等待、准备，才真正进入更加烦琐的制作过程。丹寨百鸟衣多为长衫绣衣，由背、肩、袖口、前胸、后背、前后摆片和衣摆羽毛束等十数个部分拼合而成；衣上的图案和纹样采用苗族传统刺绣制作，融合平绣、堆绣、打籽绣、破线绣、钉线绣、辫绣、马尾绣等工艺，一绣经年，极尽复杂。几年的时间，一个苗家姑娘生命中最好的年华就这样凝聚在一件华美的百鸟衣上，所以，这样的华服自然不会是日常的消耗品。对于苗族人来说，百鸟衣是出席婚丧嫁娶等盛大活动时最重要的“礼服”，更是鼓藏节中参与祭祀活动的“鼓藏衣”，衣上的一花一鸟，都承载着沉甸甸的深意。

百鸟衣作为这类节庆华服的统称，在苗语里，男装叫“欧花勇”，女装叫“欧花闹”。欧花勇多由概念化的牛龙或蛇龙等图案组成，欧花闹则绣百鸟图案。“百”只是概数，百鸟衣上绣的鸟少则几十，多则上百；“鸟”也只是泛指，蝴蝶之类能飞的动物形象也包括在内。嘎闹苗族支系的百鸟衣最为出名，因为“嘎闹”在苗语中是“鸟的部族”之意，嘎闹人认为自己是上古蚩尤集团中以鸟为图腾的“羽族”的后裔。嘎闹姑娘绣在蚕丝板上的，不仅是精美的图饰，更是这个民族悠久的历史，虽然她们自己并不一定理解这个层面的意义。

苗族没有自己的文字，他们只能用尽各种办法把民族的历史记忆用不同的载体表现出来，有口口相传的苗族古歌，有水与火浇铸的苗族银饰，还有一针一线绣出的苗绣。百鸟衣则是其中专属于苗家女的，一代代苗女们跟随自己的奶奶、母亲和姐妹，在一个个细密的针脚中铭记了本民族的历史与信仰。当她们生儿育女后，这些代代传承的民族记忆，便通过百鸟衣的精美与制衣的艰辛心手相传，永志不忘。

百鸟今兮为谁鸣

在自家新盖的木楼上，平而猫正和儿媳平洪针一起指导孙女学习刺绣。“以前，我们都在寨子里的学校上学，上完学回到家就和姐姐们一起学做刺绣。所以，还未到成年，我就能独自做自己的百鸟衣了。但是如今她们这一代都是在外上学，难得回家，针线活也就慢慢不会做了。我们只能趁孩子在家的时候尽力熏陶她们。”平洪针从女儿手上拿过花样，检查女儿的针法。我凑上去瞅小女孩绣的图案，一尺见方的土布上正绣了两只如太极一般头尾相连的鱼。

嘎闹百鸟衣以工艺复杂、极端华丽著称。“百鸟衣”之名，源自其纹饰中众多的鸟形图案。“嘎闹”的苗语意思即“鸟的部族”，他们认为自己是上古蚩尤集团中以鸟为图腾的“羽族”的后裔。

一条条剪好的纸样整齐排列，等待取用。

摄影 _ 陈沛亮

百鸟衣是苗族嘎闹支系的节日盛装，只有在包括鼓藏节在内的重要节会时才会穿出来示人。这样惊艳的场合并不多见。摄影　李雪

我曾经请教过一位研究苗家刺绣的朋友。她说这种双鱼图案在苗家代表着阴阳调和，是一种生殖崇拜的象征。在古代，带有这种图案的织物是苗女绣来做定情信物的。这种风俗在很多地方已经消失，没想到在送陇苗寨还保存得这样完好。

我问小女孩知不知道绣的图案代表什么含义，小女孩摇了摇头。这时一位老人拿着一只琵琶模样的乐器走上绣楼，“这上面的秘密呀，等你长大后自然就明白了。你先跟着奶奶好好绣花，爷爷给你拉古瓢琴！”老人是平而猫的丈夫石永明。石永明才在平而猫身边坐定，嘶哑的古瓢琴声就响了起来。

古瓢琴声不似我想象中清雅，带着几分拙劲。儿子石泽贵听到后不自觉皱眉，平而猫却一边闷头刺绣，一边跟着琴音轻摇细哼。

百鸟衣和古瓢琴是苗族嘎闹支系两种最具代表性的物件，曾经是苗家男女用来谈情说爱的利器。以往每逢年节，嘎闹苗人全村出动，聚集到护寨树下的小广场上，男人穿上欧花勇，女人穿上欧花闹，每个节日都是一次集体相亲会。穿百鸟衣跳锦鸡舞，是苗家姑娘能够想到的最美好的事情；而拿出自制的古瓢琴拉情歌，是小伙子们献殷勤的最好机会。

苗家儿女的感情都很直率：谁的古瓢琴做得靓、琴拉得好，谁的百鸟衣做得艳、锦鸡舞跳得带劲，谁就可以俘获人心。

百鸟衣是苗族刺绣集大成者。一件出众的百鸟衣，会给姑娘们在这场“相亲大会”上增色不少。因此，对于苗家姑娘来说，绣一件锦绣如画的百鸟衣，就是在绣自己的美丽人生。

然而，这种以百鸟衣和古瓢琴为基石的原始“非诚勿扰”游戏无法避免地被外面的世界搅扰。自20世纪90年代起，陆续有旅行者来到送陇村，“卉服鸟章”逐渐为世人所知，百鸟衣也随之开始流失，一件件苗家盛装从姑娘闺房流落到私人藏家的橱窗中。

也正是从那个时候开始，孤岛般散布在群山之中的座座苗寨，开始被新建的乡村公路勾连起来。乡村公路如毛细血管一般，为苗寨送来了一批批豪购百鸟衣的玩家，也像吸管一样带走了送陇村的年轻一代。

买家越来越多，会做百鸟衣的年轻苗女却纷纷出走离乡，一进一出间，精美传世的百鸟衣卖一件少一件。随着价格的水涨船高，它的稀缺性又注定会引来更多不缺钱的收购者。

石则贵打工回乡后，在自家新木楼里成立了“平而猫百鸟衣合作社”，把那些留守在家的苗家妇女聚集在绣楼中，为她们创造生计，也希望让这门古老的手艺能就此传承下去。然而，几年绣一件的传统百鸟衣是注定不可能满足商业化需求的，精心制成的蚕丝板太过奢侈，更加无价的则是倾注在这华服中的时光。

“记得年轻时，我和姐妹们也都是这样坐在绣楼中绣百鸟衣。有时绣着绣着，猛一抬头，看到她们在这里跟着我一起绣，我以为我又回到了那时候，但总又觉得不太一样。现在改用土布刺绣，总是找不回当年蚕丝板的手感。”平而猫看着合作社中的绣娘，又转过头看了看挂满整面墙壁的百鸟衣，忽然不再说话，只留下锦衣上的鸟儿在那里空灵曼舞。

嘎闹男子的盛装同样精致，有时也会被统称为“百鸟衣”，但上面的图案却多为龙、蛇等。男人们手中的古瓢琴也是一种古老的乐器，是除百鸟衣外嘎闹的另一种代表性物件。

摄影＿陈沛亮

白领苗的蜡染

物

撰文 雷虎 摄影 黄晓海 等

提到朴拙素雅的蓝印花布，你的思绪是否不由自主地飘到了江南的杏花水岸、婉约的水乡女子？其实，蓝底白印花是中国南方广泛流传的一种土布样式，汉地有之，西南少数民族地区亦有，不同地域出产的布，蓝底白花的整体效果大同小异，但纹样有所区别，制作方法也各有千秋。如今在汉地，蓝印花布在日常生活中已难觅芳踪，然而在远离都市的黔东南大山深处，它们的“远房兄弟”苗家蜡染，却香火正盛。

蜡笔画家深闺藏

在扬武镇上七弯八拐，走进一间木楼。这木楼在一大片砖瓦房中格外醒目，刚刷过桐油的木板油光锃亮，还没有经历时光的磨砺。还未走近，就远远看见巨大的招牌——“东方第一染”。

染坊的主人是丹寨蜡染省级传承人杨芳。她身后的相片墙上，风景千姿百态，国际友人衣着光怪陆离，唯有她，一袭素雅的蜡染布衣，头发高高束起，没有用银簪，只用一个蜡染头箍就箍出一个高耸的发髻——这是白领苗支系女子的标准打扮，百搭不爽，毫不违和。“这是1986年，那时我正好18岁，和我们丹寨的蜡染前辈王阿勇一起受邀出访美国，在白宫表演蜡染。里根总统看了我们的表演后，赞王阿勇为‘东方第一染’，称我为‘蜡花小姐’！那是苗家蜡染第一次走出国门。”杨芳指着墙壁上的照片说排倒莫蜡染史。王阿勇去世后，杨芳就成了排倒莫蜡染的“带头大姐”。她联合起排调、排莫等十多个白领苗支系做蜡染的自然村，组成了“排倒莫蜡染合作社”。

“蜡花小姐”推开堂屋后门，一丝轻微的陈腐气息飘进堂屋里。“别担心，这味道来自桶里的蓝靛。”看到我们皱鼻，杨芳指了指角落处的一个大木桶。桶里盛满了黑水，桶上横着一根木棍，木棍上有三四个巨型衣架，每个衣架上都挂着一匹还在滴水的青布，那是刚刚染过色的蜡染布。

我们想凑过去看个究竟，杨芳却示意我们上楼。楼上是她们的作坊，一间20平米见方的房间摆了两列桌椅，每列四行，每张桌子上都摊着或大或小的白布，桌子右上角都有一个电热炉，炉子上方飘着淡淡的热气。桌子旁坐着的人里，有梳着发髻、

蓝底白花之间，每一笔花纹都凝聚着刻画者的匠心。

年过六旬的老妇，有披着长发、青春洋溢的姑娘，也有还没桌子高、站在椅子上“装模作样”的小男孩。

女人们都低着头，手上拿着一支奇怪的笔。笔在电热炉里蘸一下，然后拉回胸前在白布上抹一笔，一条弧形的暗黄色线条就在白布上生成。再蘸，再抹，手起笔落，白布上渐渐出现了一幅工笔蝴蝶图。蝴蝶代表的是苗族花饰中常见的“蝴蝶妈妈”形象，她是苗族传说中的民族始祖。白领苗蜡画不同于汉族水墨画的闲情逸致、个人抒怀，而是更多着眼于生活起居、传承民族文化。

这道工序叫画蜡，就是用眼前这只奇怪的笔蜡刀蘸蜂蜡之后，在白布上画出各式各样的图案。蜡刀刀头由带有凹槽的弧形铁皮构成，便于储存蜂蜡。蜡刀画过，蜂蜡留痕。

白领苗女子一般从十来岁开始画蜡画，一直到老。日复一日的修炼，让每个苗女都修得一手信手拈来的工笔画绝活。这些民间高手，一生不问江湖事，只在苗寨深闺里默默地用画笔记录她们自己的故事与人生。

画蜡结束后就进入第二步，染色。杨芳拿起一块画好的布，布上蜂蜡构成的图案已经固化。把白布全部浸入染缸，用木棍在缸中来回搅拌五六个回合之后，挑起布匹。白布从蓝靛水中被挑起时，已经被深深的蓝色浸透，而蜡刀划过的地方依然白净，仿佛百毒不侵。蜂蜡憎水性，能有效隔绝水的浸染，因而蜂蜡留过痕迹的地方就变成了水的禁地。

染完色后，杨芳把布匹投进水中漂洗。以前漂洗工作都是在村口的小河里进行，自从排倒莫搬到扬武镇上后，居住条件改善了，离河却远了，漂洗这道工序只能用自来水代替。

随后，她走到厨房角落里的灶台前，向大锅里倒进几大桶水后，燃起大火。待锅中水烧得滚烫时，把漂洗完晾干的布匹浸入开水中，拿起火钳夹住布，在开水里来回翻动，布每翻一次，锅里就泛起一层油花。“水面上这层油花，是熔化的蜂蜡。布在开水里煮得越久，火钳翻得越勤，蜂蜡就处理得越干净。浮在水面上的蜂蜡还可以回收再利用。”

寻访“嘎闹”的精神家园

蜡染，古称“蜡缬”，是我国流传久远的古老印花工艺。黔东南的蜡染工艺，据说是从汉地流传过来的，有据可查的历史能上溯到唐代。而丹寨蜡染在黔东南蜡染中又非常特别。住在丹寨排倒莫一带的是苗族丹都支系，也是通常外人所称的“白领苗”，该支系自称“嘎闹”，意译为“鸟的部族”。嘎闹出名，是因为其瑰丽的民族服饰。该支系下又分成七个不同的亚族群，雅灰型的百鸟衣、麻鸟型的锦鸡服都是相应亚族群的代表性服饰。排倒莫也是其中一个亚族群，其代表服饰便是蜡染服。

丹寨的蜡染产区，主要在县城东南的扬武镇、排调镇一带。因为闭塞，所以这里做蜡染的传统得以完整保存，被看成嘎闹支系文化的保留地。

车出了丹寨县城就开始爬山，很快就湮没在群山之中。湍急的马颈坳河如突击的轻骑兵，硬生生在黝黑的山体中切割出一条深深的峡谷，通往秘境排倒莫的路悬挂在

蜡染的第一步是画蜡。画师用特制的笔在融化的蜂蜡里蘸一下，然后在白布上抹一笔，一条暗黄的线条就出现在白布上。反复蘸、抹，一道道笔画在画布上组合成复杂的纹样。

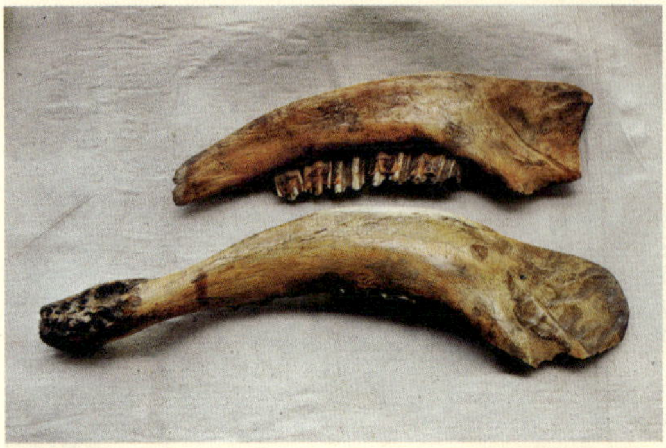

峡谷旁高高的山崖上。山路云遮雾罩，我们要寻访的苗寨便在云之彼端。

车辆在一座山寨模样的大门前停下，这是排倒莫系列村寨中的一座——基加村。村寨中间是一个小盆地，层层叠叠的木房沿着山坡而建，把中间约200平方米的空场围得严严实实。两位身着蜡染服的女子——杨秀芬和杨春燕，是这寨中做蜡染的佼佼者，把我们引入一座木楼中。

木楼本是村委会办公室，一层被专门辟为村办蜡染合作社。工作间正中摆了八张木桌，角落里有一架木织机，一老一少母女模样的两位女子正坐在桌前画蜡，一位小媳妇正坐在织机旁“唧唧复唧唧”地织布。隔壁是蜡染展览室，几十幅造型各异的蜡染布挂满了四壁。展览室正中央有一男一女两位中年人，女子拿着几团棉花摇着老式纺车纺线，男子则蹲在火锅前用筷子试菜。

如果说杨芳的工作室有一丝艺术家的风范，那么眼前的合作社则弥漫着浓浓的、形而下的生活味道：纺线、织布、画蜡、染布全部自己搞定，画蜡用的蜂蜡自己割，染布用的蓝靛膏自己生产，甚至边工作边煮饭，为这略显神秘的民间工艺加持上一层浓厚的人间烟火之气。在社会分工如此细致的当下，如此的自给自足着实令人大开眼界。

基加村户户能织布，家家做蜡染，但是在合作社成立之前，村里织的土布、绣的苗绣、染的蜡染都只是自产自用。近几年，随着排倒莫名气越来越大，村里慕名而来收购工艺品甚至拜师学艺者越来越多。

外来者的闯入尚不足以改天换地，却也为

1 | 1 3
2 | 2
3 | 4 5
4

蜡染所需的工具（左）

1 牛下颌骨，用于在画蜡前将布捋展平顺。
2 画蜡用的“笔”名叫蜡刀，其顶部有一个细小的槽，用于储存蜡液。
3 蜂蜡具有防水隔水的特性，蜡染就是利用这个特性，用融化的蜂蜡画出需要留白的图案，然后将布浸染，没有画过蜡的位置变成蓝色，即有了蓝底白印花的效果。
4 尚未经过加工的白色土布。

蜡染的工序（右 摄影 _ 张律堂）

1 蘸蜡
2 画蜡
3 浸染
4 漂洗
5 煮蜡

传统纹饰中的蝴蝶与飞鸟图案看起来轻盈灵动，更记载着苗族的历史密码。
蝴蝶是代表苗族始祖的符号，苗族人亲切地称其为“蝴蝶妈妈”。

在水岸漂洗蜡染布的苗女曾经是排倒莫苗寨中的一道亮丽风景，如今，自来水让漂洗工序变得更快捷高效，这道风景也在渐渐消失。

摄影 _ 张律堂

这一潭静水掀起了一些涟漪。“是不是可以在这上面做点文章？”村支书杨开亮吃着简单的火锅，喝着自酿的苞谷酒，自顾自地和来访者商量着村庄未来的发展方针。没有人能回答他那过于宏观的问题，于是那场景看起来更像一个微醺的思考者在对着天空喃喃自语。

永不凋谢的纹饰

来基加村，我最想观摩的是河中漂洗。夏天，当苗家姑娘成群结队地到小河边漂洗布匹时，村里的小伙子都会“鬼鬼祟祟”地聚到离姑娘们不远的河道上游游泳。心照不宣。谁都知道小伙子们只是以游泳为名，偷瞄哪家姑娘长得标致、谁心灵手巧、做的蜡染布更多、图案画得更俏。这是专属于那个年代的“相亲会”。劳动与爱情在河边奇妙地相遇，碰撞出人类世界里最美的火花。然而，杨秀芬遗憾地告诉我，村里在河边漂洗蜡染布的传统已经断绝多年，因为几年前，流经村庄的马颈坳河被拦腰截断建起水电站，原本流量充沛的河水早已退到幽深的谷底。

看到我对河中漂布的场景无限期待，杨秀芬和两位苗家大姐用苗语嘀咕几声后，决定专门为我们进行一次“表演”。

三位苗女一字排开，站在河中央的巨石上漂布。每漂完一块蜡染布，她们便把布匹摊开晾在河中的巨石上。每一块蜡染布在石头上摊开，就像给石头文上了不同样式的文身。

苗族女子身上的蜡染服装，素雅、大方，兼具美观与实用。蜡染虽然出自深山苗乡，却丝毫不显土气与落伍，反而深得国内外时尚界的青睐。

摄影 _ 张律堂

随着漂洗的进行，河中每一块巨石都被“文”上蓝白相间的纹理。对苗族来说，每一次的蜡尽图现都是对民族记忆认知的一种强化。蜡染布上的图案不仅仅是一种装饰，蓝白纹理间，还隐藏着苗族历史和文化的密码。比如，蝴蝶纹代表族群起源，鱼纹代表繁衍和婚配，几何纹则是史书，记录着苗族祖先的迁徙历史……

黔东南蜡染的生命力十分顽强。在丹寨白苗的聚集地排倒村和排莫村，蜡染非但没有像其他的手艺一样消亡，还显示出很强的“侵略性”：不但村民穿蜡染衣的习俗得以保留，还让本没有蜡染传承的其他苗族地区（比如杨芳合作社的所在地扬武镇）有了做蜡染的风俗。如今，以“排倒莫”为名的合作社把200多户家庭作坊联合起来，把传统苗家蜡染发送到北上广，甚至美国。

再一次见到杨芳是三个月后，在丹寨以制作鸟笼而闻名的苗寨卡拉村。穿村而过的高速公路像长刀把村庄一分为二，仅留下一个涵洞让村民来往。这涵洞如同一只捏住卡拉苗寨咽喉的手，让村民和来卡拉的游客都喘不过气来。为了改变这种压抑的氛围，人们想到了一个创意——在涵洞上涂鸦。来自北京宋庄的当代艺术家与丹寨大山里的蜡染艺术家受邀前来同场表现，在狭窄的洞壁上尽情挥洒。

宋庄的先锋派们天马行空，在涵洞上留下一大堆毕加索式的图案。而杨芳，则在对面的墙上画了一只巨大的“蝴蝶妈妈”。

图书在版编目（CIP）数据

地道风物·黔东南 / 范亚昆主编. -- 北京：中信出版社，2016.8

ISBN 978-7-5086-6456-9

Ⅰ.①地… Ⅱ.①范… Ⅲ.①地方文化－黔东南苗族侗族自治州 Ⅳ.①K297.3

中国版本图书馆CIP数据核字(2016)第162715号

地道风物·黔东南

主　　编：范亚昆
策划推广：北京全景地理书业有限公司
出版发行：中信出版集团股份有限公司
　　　　　（北京市朝阳区惠新东街甲4号富盛大厦2座　　邮编　100029）
　　　　　（CITIC Publishing Group）
承 印 者：北京华联印刷有限公司
制　　版：北京美光设计制版有限公司

开　　本：787mm×1092mm　1/16　　印　　张：17　　字　　数：150千字
版　　次：2016年8月第1版　　印　　次：2016年8月第1次印刷
广告经营许可证：京朝工商广字第8087号
书　　号：ISBN 978-7-5086-6456-9
定　　价：49.80 元